中国财富收藏鉴识

杨静荣讲古陶瓷

杨静荣　著

中国财富出版社

图书在版编目（CIP）数据

杨静荣讲古陶瓷 / 杨静荣著 . —北京：中国财富出版社，2013.12
（中国财富收藏鉴识讲堂）
ISBN 978 - 7 - 5047 - 4828 - 7

Ⅰ.①杨…　Ⅱ.①杨…　Ⅲ.①瓷器（考古）—鉴赏—中国—清
代　Ⅳ.①K876.3

中国版本图书馆 CIP 数据核字（2013）第 229510 号

| 策划编辑　李慧智 | 责任印制　方朋远 |
| 责任编辑　李慧智 | 责任校对　梁　凡 |

出版发行　中国财富出版社（原中国物资出版社）
社　　址　北京市丰台区南四环西路 188 号 5 区 20 楼　邮政编码　100070
电　　话　010 - 52227568（发行部）　　　010 - 52227588 转 307（总编室）
　　　　　010 - 68589540（读者服务部）　010 - 52227588 转 305（质检部）
网　　址　http：//www.cfpress.com.cn
经　　销　新华书店
印　　刷　北京京都六环印刷厂
书　　号　ISBN 978 - 7 - 5047 - 4828 - 7/K · 0102
开　　本　889mm×1194mm　1/32　　版　次　2013 年 12 月第 1 版
印　　张　3.875　　　　　　　　　　　印　次　2013 年 12 月第 1 次印刷
字　　数　94 千字　　　　　　　　　　定　价　32.00 元

中华民族是世界上最热爱收藏的民族。我国历史上有过多次收藏热，概括起来大约有五次：第一次是北宋时期；第二次是晚明时期；第三次是康乾盛世；第四次是晚清民国时期；第五次则是当今盛世。收藏对于我们来说，已不仅仅再是捡便宜的快乐、拥有财富的快乐，它还能带给我们艺术的享受和精神的追求。收藏，俨然已经成为人们的一种生活方式。

收藏是一种乐趣，但收藏更是一门学问。收藏需要量力而行，收藏需要戒除贪婪，收藏不能轻信故事。然而，收藏最重要的是知识储备。鉴于此，姚泽民工作室联合中国财富出版社编辑出版了这套"中国财富收藏鉴识讲堂"丛书。当前收藏鉴赏丛书层出不穷，可谓泥沙俱下，鱼龙混杂。因此，我们这套丛书在强调"实用性"和"可操作性"的基础上，更加强调"权威性"，目的就是想帮广大收藏爱好者擦亮慧眼，提供最直接、最实在的帮助。这套丛书的作者，均是目前活跃在收藏鉴定界的权威专家，均是中央电视台《鉴宝》《一槌定音》等电视栏目所请的鉴宝专家。他们不仅是收藏家、鉴赏家，更是研究员和学者教授，其著述通俗易懂而又逻辑缜密。不管你是初涉收藏爱好者，还是资深收藏家，都能从这套丛书中汲取知识营养，从而使自己真正享受到收藏的乐趣。

《杨静荣讲古陶瓷》的作者杨静荣先生，是我国著名的古陶瓷研究专家，现为北京故宫博物院研究员、北京逸仙专修学院（原中国大学）教授、中陶古艺术品鉴定技术开发中心技术总监、《宝藏》杂志专家委员会委员、中央电视台《寻宝》《一槌定音》鉴宝专家。

本书对古陶瓷主要品类的鉴定作了深入浅出的剖析和论证，并且兼顾对民国以来陶瓷发展史的梳理，信息量很丰富。由于本书的作者曾在某陶瓷研究所从事仿古陶瓷的研究工作，后又在故宫博物院从事鉴定研究工作长达30余年，故其实战经验非常丰富，而权威性更是不言而喻。相信本书的出版，对于古陶瓷收藏爱好者、研究者均有极大的帮助。

姚泽民工作室
2013年10月

目 录

第一章 古陶瓷鉴定的方法

古陶瓷鉴定是陶瓷史研究的基础学科，也是博物馆工作者必备的常识学科。陶瓷史研究有多种方法。而古陶瓷鉴定只有两种方法，第一种是凭借专业工作者的

脱玻化检测现场

经验，依靠目测手摸等手段，鉴定古陶瓷的时代、窑口和真伪。这种方法习称为传统鉴定。其科学根据有三条：一是纪年墓出土的文物；二是考古发掘的文化层；三是陶瓷本身的确切年款。根据上述三方面获得的陶瓷文物资料，对其造型、纹饰、胎釉及工艺诸方面进行综合排比分类，摸索出规律。传统鉴定的结论，难免受主观因素影响，但因其简便易行，故目前鉴定古陶瓷，主要还是采用这种方法。第二种方法是凭借科技手段鉴定陶瓷的时代、窑口和真伪。如热释光、釉质老化及化验胎、釉的化学成分等，其结论不受人为因素干扰，客观而准确，代表着今后研究发展的方向，但其需要昂贵的科学仪器和精通专业的科技人员方能完成

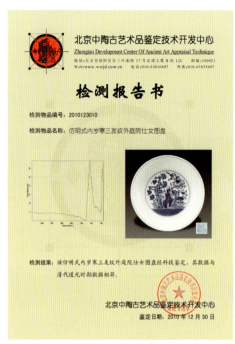

无损脱玻化检测报告书

检测，尤其是取样会造成文物破坏，这是文物鉴定中不能允许的。随着现代科学水平的发展，无损测试的各种仪器已经问世，可直接测试陶瓷胎釉的化学成分及釉面玻璃相的老化系数。虽然这些方法尚有待进一步完善的地方，但已经显示出强大的生命力。如测试其胎釉成分，如果发现仿品中掺加的现代化工原料，可轻而易举地判断其生产年代。再如测试釉面玻璃质的老化系数，经排比计算数据，可判断器物的大概烧成年代，再与其他方法和传统鉴定相结合，则可鉴定出该器物的准确生产年代。

传统鉴定和科技鉴定各有千秋，优点和局限性并存，前者易出现主观性错误，后者则因缺少数据，难以一锤定音。前几年陶瓷鉴定出现过一些问题，严重者还引起国际纠纷，有人借此大做文章，全面否定传统鉴定的科学性，又否定科学鉴定的客观性，鼓吹不可知论的盲目性。凡是持这种观点的人，基本可分两类：一是对出现问题的前因后果一知半解，未作全面调查，而对陶瓷鉴定专业知识缺乏了解，故而陷入不可知论的怪圈之中；二是别有用心，揣着明白装糊涂，鼓吹不可知论的目的是障人耳目后以售其奸。其中许多人本身即是仿古瓷的生产者或组织者，有些则是收藏了不少赝品的"收藏家"，望广大收藏爱好者务必提高警惕。

据笔者所知，前几年陶瓷鉴定出现的问题，并非是传统鉴定和科学鉴定本身的问题，因为传统鉴定的部分专家和科学鉴定的部分科学家事前都对出现问题的器物提出过质疑。出现问题的关键是鉴定体制不完善，部分传统鉴定的专家知识老化，故步自封，盲目地相信自己并不了解的科学鉴定的并不完善的数据。而部分科学鉴定的科学家，在数据缺乏逻辑性的情况下，急功近利，对传统鉴定更是一知半解，便想一鸣惊人地宣读科研成果，故而造成学术界的纷争。有些科学家明知其错，但在研讨会上看到一片赞扬声，碍于人情和国情，则不敢公开宣读自己的正确报告，直到错误报告公开发表，几乎成了国际笑话后，才于数年后发表了自己的正确报告。笔者认为，当前古陶瓷鉴定出现问题的另一个重要原因是传统鉴定的专家对科学鉴定的专业知识不熟悉，而科学鉴定的科学家对传统鉴定的专业知识也不熟悉。如果二者能融洽地结合在一起，传统鉴定与科学鉴定真正地相辅相佐，在较短的时间内攻克古陶瓷鉴定的难关，当是可行之事。望有志者共同努力，迎接即将到来的春天。

一、传统陶瓷鉴定的基本知识

古陶瓷鉴定主要有四项任务：一是断时代；二是识窑口；三是辨真伪；四是评价值。现简单叙述如下：

1. 断时代

断时代的要领是把握陶瓷的造型和釉色特征，根据造型和釉色可断定陶瓷的大概时代，如郎窑红釉，一望釉色便可断定其上限为康熙时期产品，再如钴蓝釉瓷器，其上限肯定不会早于元代早期。造型也是如此，如凤尾尊，其上限不会早于清初。再如棒槌瓶，其上限也不会早于清初。还有梅瓶，宋代开始流行，宋、元、明、清历代都生产，但每个时期的造型曲线变化都不一样，把握住每个时代标准器物造型的曲线变化，自能断定其时代。

根据造型和釉色的基本特征，要求鉴定者熟悉陶瓷史，尤其是博物馆展出的藏品及其所出的各种图录，是学习陶瓷史的基本教材。近年兴起收藏热，各种收藏类书刊亦应运而生。但其中有不少书刊商业味过浓，又非专业工作者所编，谬误连篇，误导读者，害人匪浅。故读者在选择参考书时，一定要慎重。为让初学者少走弯路，我推荐几本较好的书如下：

《中国陶瓷史》

中国硅酸盐学会主编，文物出版社 1982 年 9 月第一版。该书由全国文博考古、陶瓷科学、工艺美术等方面的专家学者进行了多次讨论，合作编写而成。内容充实，材料丰富。尽管该书仍有不足之处，有待进一步修订，但该书确实是一部代表当代研究古代陶瓷最高学术水平的杰出之作，是研究中国古代陶瓷史的必备首选之书。

《中国陶瓷全集》

上海人民美术出版社 2000 年出版。该图录共 15 卷，从新石器时代至清代，该图录所收藏品为国家博物馆藏品，每卷收录陶瓷文物 200 余件，均有图版说明，卷前有每卷主编前言。该书是目前国内出版的最完备的一套古代陶瓷图录，与《中国陶瓷史》相佐，可对中国陶瓷史有形象的理解。

《明清瓷器鉴定》

耿宝昌著，紫禁城出版社 1993 年第一版。此书是耿宝昌先生 1981 年 5 月在南京陶瓷鉴定学习班上的讲稿，几经修订补充后正式出版。耿宝昌先生从事古陶瓷研究工作，积累数十年经验，辨别真伪，颇有独到之处。该书对景德镇窑明清瓷器造型分析十分详尽，颇有参考价值。

《中国出土瓷器全集》

科学出版社 2008 年出版，全书共 16 卷，收集全国博物馆有确切出土地点记录的瓷器，来源可靠，时代准确，说明文字对其瓷器有不同时代看法的也兼容并蓄，一一作了说明，治学非常严谨。

《故宫博物院藏文物者珍品大系》

上海科学技术出版社出版，全书共 60 卷，关于陶瓷的有 11 卷，可参阅。

2. 识窑口

识别窑口即判定陶瓷的产地，其要领是把握陶瓷的工艺特征，胎、釉及修坯和烧成等，不同的产地均有各自的特征。如耀州窑系产品，同是青釉刻、印花产品，但陕西耀州窑底足露胎处均有褐色铁斑，河南地区产品则均为灰白胎；广西容县、滕县窑产品青釉则为铜绿。再如钧窑系产品，山西浑源窑的红斑在碗内多为对称的十字形，其他窑口的红斑则不规则，而浙江铁店窑则胎薄坚硬，与其他窑口的疏松的灰白胎有明显区别。还有明、清时的宜钧和广钧十分容易混淆，釉色不好区分，但宜兴窑做工精细，胎质细腻。

总之，把握各窑口的工艺特征，是分辨窑口的关键所在。这

杨静荣讲古陶瓷

方面的参考书目主要是各地区专业考古工作者的发掘报告，如耀州窑、磁州窑、长沙窑、漳州窑、德化窑、建窑、龙泉窑及南宋官窑，均有正式的发掘报告出版，其资料翔实，可资参考。另有几本图录介绍如下：

《中国古窑址瓷片展览》

该书是故宫博物院精选历年调查古窑址资料，包括13个省44个县（市），时代上迄东汉、下迄元代的500件展品的图录，先后去英国、日本和中国香港展出，有英文版、日文版和中国香港版三种，是研究、鉴定元以前瓷器窑口的重要资料。尤其是20世纪50年代采集到的瓷片资料，许多窑址未经正式发掘，便已荡然无存。

《故宫藏传世瓷器真赝对比历代古窑址标本图录》

该图录为紫禁城出版社1998年出版，书分两部分，前半部为真赝瓷器对比，后半部收录故宫藏瓷片标本48个窑口共计322件标本。前书为出国展览图录，非正式出版物，发行量不大，而该图录为正式出版物，两书有异曲同工之妙。

《中国古代窑址标本》

图录为紫禁城出版社2005年出版，分省出版，介绍故宫博物院几代专家1949年以后采集的陶瓷窑址资料，从3万多瓷片中选其精华，集书出版，其中许多窑址已经荡然无存，资料十分珍贵。

3. 辨真伪

鉴定古陶瓷的真伪，还需要了解仿古陶瓷生产的历史。中国陶瓷史上仿古陶瓷生产可分为两大类：一是仿古；二是作伪。

康熙寄托成化款　　　　　　嘉靖仿宣德款

隆庆寄托宣德款

（1）仿古

仿古代陶瓷生产，最早出现于元代。如元代仿宋、金时代钧窑，南北方瓷区都有生产。再如元代霍县窑仿宋代定窑，亦属仿古。但从历史发展角度看，元代的仿古也可看作是对前朝陶瓷生产的继承和发展。而明、清时期的景德镇的仿古陶瓷生产，才是真正的仿古，它主要是仿历史上的诸大名窑产品。如永乐时仿哥窑；成化时仿汝窑；清雍正、乾隆时仿官窑、钧窑产品，等等。这些仿品都仿得很成功，但大多署本朝款识，也有不署款的。此外，尚有明代仿明代、清代仿明代、清代仿清代的产品。如成化有仿宣德产品的；嘉靖、万历有仿成化产品的；天启、崇祯有仿宣德、弘治、正德、嘉靖、隆庆产品的；康熙、雍正、乾隆有仿永乐、宣德、成化、正德、嘉靖产品的；清晚期又有仿康、雍、乾产品的，等等。这些仿品

嘉靖仿宣德款

大多署所仿朝代款识，也有少数署本朝款识的。

上述这些仿古陶瓷多是应宫廷需要而烧制的官窑产品，工艺规整、质量精良，在仿古过程中还有不少创新。鉴定这类瓷器要把握两个标准：一是被仿时代陶瓷的特征；二是仿制时代陶瓷的特征。只要把握这两条原则，反复比较，自可识其真伪。如宫中旧藏成化盖罐，其盖多为雍正仿配的，二者外观近似，但雍正仿品釉色略偏青，成化则釉质滋润，仔细观察就会看到二者的微小差别。

（2）作伪

陶瓷作伪不同于陶瓷仿古，二者在方法和目的上有本质的区别，虽然作伪也需要仿古，但因为作伪的目的是为了骗人、赚钱，所以，其方法亦被铜臭熏染，使艺术价值遭到可耻的践踏。

陶瓷作伪起源于清代末年，到民国时期最盛；进入20世纪80年代中期以后，又掀起一股新的浪潮，大有超过民国之势。鸦片战争以后，中国沦为半封建、半殖民地社会，帝国主义列强在中华大地上进行疯狂的掠夺。文物珍宝当然不能逃脱此厄运。但传世品和出土文物毕竟有限，于是乎，专门制作假古董的行业便应运而生。从清末到民国期间，假古董作了多少，至今没有人能统计出详细数字。但在20世纪70年代，国外发明了热释光断代法，用这种科学方法测定，国外某个收藏中国唐三彩甚多的有名的大博物馆，其唐三彩几乎全是伪品。由此可窥其作伪数量之一斑。

要鉴别作伪陶瓷，首先要了解作伪的一些方法，了解这些方法以后，便可顺藤摸瓜识别其真假了。常见的作伪方法有如下几种：

方法一，作旧

采用某种方法将新烧好或年代较近的陶瓷作成如传世多年或出土陶瓷外貌相似的产品，叫作旧。作旧常用的方法有七种。

一是打磨。具体方法是使用工具在陶瓷表面反复摩擦，使其失去光泽，仿佛是旧的一样。常用的工具有兽皮和葫芦果实的外壳。这种方法因反复摩擦，即使表面很平滑，但也会在胎釉上留下摩擦痕迹。如果用放大镜仔细观察，这些摩擦痕迹会暴露得一清二楚。当代打磨有使用机器配以木炭或细砂，像炒栗子一样打磨的，摩擦痕十分均匀，不易看出，须仔细观察。

二是土浸。为了模仿文物在墓中埋了多年而形成的土锈，作伪者常采用将陶瓷在泥土中浸埋的方法，使其产生与出土文物类似的效果。鉴定这类伪品的方法是仔细观察其土锈。如仿造的唐三彩很多，其造型多为大件的俑和马，用土浸方法作伪的也很多。但墓中出土的真物，其土锈呈粉状往下掉，假的则整块地往下掉。而且真者其土锈较为牢固，不易碰掉；假的则一碰即掉。当代有些作伪者使用现代化化学黏合剂（如乳胶等）粘土锈，表面很像，但用刀具一刮，便知真伪。

三是用化学药品浸蚀。将新仿的陶瓷放入酸性或碱性的带有腐蚀性的化学药品中浸蚀，也会获得作旧的效果。鉴定这类伪品的要领是仔细观察其表面的颜色，因为用这种方法浸蚀后，陶瓷表面光泽虽然减退了，但显得十分呆板，与传世品终有一定差距。如果将陶瓷放入粪便之中浸蚀，可得到与传世品极为类似的效果，单用肉眼很难区别真伪。不过鉴定这类伪品也不难，只要将其放入沸水中，便可嗅出粪便的腥臊味儿。

四是烟熏。这种方法一般是将新仿的陶瓷悬挂于厨房灶的上方，任凭其烟熏火燎，待一定时间后，也会得到满意的效果。鉴定这类陶瓷的要领是仔细辨认其油腻痕迹，真者无油痕，伪者多发黄，且有油质感。

五是复烧。将新仿的陶瓷裹上泥土，放入窑中复烧。外裹的这层泥土中混有一种黄土中的结核石，这种结核石粉碎后掺入土中，再配上微量的酸和水，放入窑中烧至700℃～800℃即可。这种方法是当代新发明的，使用不到20年，效果较为理想，既可退去浮光，又可咬上土锈，迷惑了不少人。但仔细观察，其土锈仍是呆板，过于做作。

六是人工用手摩擦。这种方法只用于高仿作品，成本较高，雇多人用手轮流不停地反复摩擦，一般要操作10～20天。其效果十分逼真。务请鉴定者提高警惕。这种方法也是改革开放以后出现的事情。

七是"种植"海捞瓷器。20世纪80年代以后流行，将仿制品送到沿海种植海带等海洋生物的地区，用竹篮装好，沉入海水中，待一定时间后再捞出，冒充海捞瓷器，颇能迷惑入道不深的"收藏家"。

方法二，旧胎新彩

这种作伪方法也称后挂彩，大体上有两种类型：一是直接在旧物的白釉上加彩装饰，使之成为五彩、粉彩、斗彩等名贵品种。这种方法多选择清代康熙、雍正、乾隆三朝的白釉瓷器加工。二是将旧物的釉磨掉后加刻暗花，施釉二次烧成后再加釉彩绘装饰。如传世品中有将嘉靖白釉瓶磨釉后再刻暗花，施釉烧成后再加五彩的。还有将康熙瓷器磨釉后施釉二次烧成后再加绘墨地三彩的。此外，尚有将旧物直接施上颜色釉的。如传世品中，有将成化青花盘挂上红釉的；有将万历青花盘挂上绿釉的；更多的则是在永乐、宣德、成化、弘治、正德、嘉靖、万历、康熙、雍正、乾隆等朝的白釉器上挂黄釉或其他颜色釉的。近几年则多用于唐代白瓷后加青花彩绘冒充唐青花产品的，务请收藏者提高警惕。

在完成加彩或挂釉的工序后，所有器物都要用上文提到的方法作旧。由此，鉴定这类伪品，要把握两个要领：一是注意作旧的各种痕迹；二是仔细观察其胎釉和彩的颜色。后挂彩和釉的配方与古代的不一样，模仿得再高明，也难于达到与真物完全一样的效果。一定要记住真品的彩釉特征，反复比较，亦不难识其真伪。另外，在旧胎上画彩的瓷器，有的旧胎上有划痕，彩压在上面，划痕中断，用放大镜观察，一目了然。

在所有的作伪方法中，以后挂彩对文物的损坏最为严重。许多真正的珍品，经古董商人的加工，其艺术价值和历史价值均荡然无存，实为憾事。最近几年出现一些使用不值钱的清代民窑产品后挂彩的品种，价格虽然不高，但是毕竟属于后挂彩的仿品，与真品不可同日而语。

方法三，挖补款识

这种方法是将某些已破损，但款识或底足尚完好的瓷器，用刀具将其有款识的底足切割下来，然后再嵌入新仿的陶瓷器上，移花接木，以冒充真品。民国时期最盛行此技，而且镶嵌技术极为高明，几乎是天衣无缝。当代景德镇也有人精通此术，现代高科技提供的设备和仿制者具备的文化水准，使其水平远远超过民国的前辈，其各种冷接和热接的仿制品，也曾在国外的拍卖会上以高价成交。鉴定这类伪品的要领是仔细观察其底足衔接部位胎釉的异常痕迹及底足与器身胎釉的异常变化，并一定要借助高倍数的放大镜仔细观察。必要时应该结合科技检测手段，验其新老。

方法四，后仿款

仿古和作伪都有仿造款识的，有的直接书写款识，有的是用刀具在底足上刻出款识，然后填釉烧成后再打磨的。

鉴定后仿款的要领是把握真品款识的写法。因为明、清陶瓷工艺分工极细，撰写款识的工匠只负责此项工作；同时代、同一窑口陶瓷的款识多出自同一人之手。即使不是出自一人之手，因时代、环境等因素的影响，同时代款识字体的风格也基本相同。后仿者再高明，也往往只得貌似，而没有神韵，难以鱼目混珠。我国老一辈的古陶瓷鉴定专家孙瀛洲先生，曾用通俗易懂的歌诀，总结出各种真款的特征，为鉴定工作带来极大的方便。如宣德款识歌诀：

宣德年款遍器身，楷刻阴篆暗阳阴。

横竖花四双单圆，晋唐小楷最出群。

宣德官窑款

宣德官窑款

宣德官窑款

宣德官窑款

再如成化款识歌诀：

> 大字尖圆头非高，成字撇硬直到腰。

> 化字人匕平微头，制字衣横不越刀。

> 明字月尖日肥胖，成字一点头肩腰。

成化"天"字歌诀：

> 天字无栏确为官，字沉云濛浅褐边。

> 康雍仿造虽技巧，一长两短里俱干。

成化官窑款

成化官窑款

成化官窑款

成化官窑"天"字款

成化官窑"天"字款

还有正德款识歌诀：

> 大字横短头非高，明字日月平微腰。
>
> 正字底丰三横平，德字心宽十字小。
>
> 年字横划上最短，制字衣横少越刀。

永乐官窑青花款

永乐官窑青花款

永乐官窑青花款

雍正官窑款

咸丰官窑款

雍正官窑款

嘉靖官窑款

嘉靖官窑款

嘉靖官窑款

嘉靖官窑款

嘉靖官窑款

嘉靖官窑款

同治官窑款

隆庆官窑款

康熙官窑款

康熙官窑款

天启官窑款

万历官窑款

万历官窑款

万历官窑款

康熙官窑款

乾隆官窑款

万历官窑款

隆庆官窑款

万历官窑款

万历官窑款

此外，有些伪款纯系作伪者杜撰，如"景德年制""洪武年造""大明洪熙年制"以及近年出现的"大元国至正××年造"等，在历史上根本就不存在。只要了解一些陶瓷史知识，便可一望即知。

辨真伪的参考书现在市场上出版了许多，良莠不齐，选择时一定要慎重，笔者认为较好的参考书有如下几种：

《中国陶瓷》

冯先铭主编，上海古籍出版社1994年11月第一版。该书为国家文物局指定的文物教材，内容以叙述陶瓷史为主，并侧重各个时代陶瓷品种的鉴定，是一部实用而通俗易懂的教科书。

《中国瓷器鉴定与欣赏》

万历官窑款

朱裕平著，上海古籍出版社1993年12月第一版。该书图文并茂，文笔流畅，内容涉及东汉至清代的瓷器，有一定的参考价值。

《中国古陶瓷鉴定基础》

陈德富著，四川大学出版社1993年11月第一版。该书是作者在大学讲课时用的讲稿，条理清楚，内容规范，综合各家之长，特别适合初学者入门学习之用。

《青花瓷器鉴定》

张浦生著，书目文献出版社1995年10月第一版。张先生从事文物鉴定教学工作多年，研究古陶瓷颇多建树。该书是张先生积历年研究所得，内容极为丰富，资料十分翔实，代表目前研究青花瓷器的新水平。学习青花瓷器鉴定，不可不读此书。

《中国历代陶瓷款识汇集》

台湾古文化研究社 1988 年 10 月出版。原书为童依华著，综合了历来发表的陶瓷款识，资料翔实。此书增加彩版，并附明清官窑款识彩版，图版虽多系翻拍，但印刷质量不错，颇有参考价值。

《瓷艺与画意》

香港市政局 1990 年出版。该书为关善明先生个人藏品在香港展出时的图录。收录的 165 件藏品，均为民国时期产品。书前有关善明、刘新园、朱锦莛三位先生的论文，论述民国时期陶瓷的艺术成就。刘新园调查的诸多民国时期著名工匠的生平资料，内容翔实，颇有参考价值。此书是研究民国陶瓷的最新成果。鉴定民国陶瓷，必须参考此书。

除上述几种书外，赵自强的《古陶瓷鉴定》、李英豪的《古董瓷器》、叶佩兰的《古瓷辨识》、陈文平的《中国古陶瓷鉴赏》、李辉柄的《中国瓷器鉴定基础》、王建华的《古瓷辨赏》、笔者的《古陶瓷鉴识》等书，也都有一定的参考价值，可资参阅。

4. 古陶瓷价值的评定

古陶瓷鉴定的最后一项任务是评定其价值，这项任务是鉴定中最重要的。前三项仅是对古陶瓷的时代、窑口和真伪做出判断，要进一步研究古陶瓷，必须对它的价值做出正确的评价。评定其价值，需要有较高的历史知识、美学知识和科学技术知识。只有具备了丰富的专业知识以后，才能独具慧眼，发现真正的珍宝，为进一步的研究工作打下良好的基础。

评定其价值要把握四个方面：一是科学研究价值。如扬州唐城遗址曾出土过几件唐代巩县窑的青花瓷片，虽然仅有几件残片，

杨静荣 讲 古陶瓷

但对研究青花的起源有重要的意义，其科学研究价值很高，所以这几件残片的身价也随之而高了。再如长沙窑和邛窑出土有铜红釉彩资料，完整无损者甚少，但对铜红高温釉的出现时代颇有科研价值，故也十分珍贵。二是艺术价值。如青海柳湾出土的舞蹈纹陶盆，虽已残破，但纹饰对研究原始社会的艺术有重大意义，所以也被定为国家一级文物。再如故宫博物院珍藏的磁州窑马戏纹枕，是研究宋代民俗和杂技史的重要参考资料，枕虽修补，但仍然被定为一级文物。还有明清民窑青花，虽有的仅是残片，但潇洒的画意，令许多艺术家叹为观止，也颇有研究价值。三是历史价值。许多纪年墓出土的陶瓷，因为有纪年可证，造型、纹饰均可作历史研究参考，所以其价值均非一般陶瓷可比。如元青花中的所谓"至正十一型"就是因为器身本身有纪年可证，为研究元青花立下了汗马功劳。再如上海博物馆收藏"金大定四年"铭文款虎形枕，对确认虎形枕造型的准确年代有重要的参考价值，故当仁不让的被定为一级文物。四是经济价值。这方面在国内过去不太引人注意，因为我国长期没有开放过文物市场，文物没有市场价格。在一般人心目中，仿佛凡是文物都价值连城。其实不然，文物的科研、历史、艺术价值不同，其经济价值亦有别。随着对外开放的发展，这个问题逐渐引起人们的注意，如文物出国展览需由保险公司保险，而保险就要求定出具体价格。因此，我们评价古陶瓷的价值时，也不可忽视其经济价值。如有些古陶瓷，虽然很完整，但因造型、纹饰均很平淡，且传世品又很多，所以经济价值不高。景德镇青白瓷就是如此，在国际市场上流传较多，经济价值较低，几十件青白瓷的价格，还不如一件定窑白瓷高。有些品种的价格属于不正常的，如所谓"空白期"的青花瓷。陶瓷专家早就指出：空白期指的是没有带官款的明代官窑青花瓷，而"空白期"的民窑青花瓷存世颇多，早已屡见不鲜。有些收藏者连这个基本概念都没搞清，就糊里糊涂地炒起了"空白期"器物，竟也引起市场价格的暴涨。尤其是国内一些初入收藏行列者，像争抢吉祥号似的，跟着抢购，但待人们都明白其中的学术含义后，其价格会按照其科研、历史、艺术价格的自然规律，归到它们自己的定位上。

上述四个方面实际是一个问题的四个侧面，它们之间的关系是相互关联的，因此在评定其价值时，不能孤立地分析问题，要全面地看问题，将四个方面综合在一起，方能得出令人信服的结论。

二、陶瓷的科技检测

我一直提倡传统鉴定和科技检测相结合，两条腿走路更能把握方向。目前科技检测陶瓷有许多方法，比较流行和切实可行的有如下三种：

1. 热释光，英文 Thermoluminescence

是指固体在受辐射作用后积蓄的能量在加热过程中以光的形式释放出来的一种物理现象。这种现象是一次性的，也就是固体在受辐射作用后，只有第一次被加热时才会有光被释放出来。在以后的加热过程中，除非重新再接受辐射作用，否则将不会有发光现象。

对于陶瓷来讲，其中含有大量的矿物晶体，如石英、长石和方解石等，这些晶体长期受到核辐射（如 α、β 和 γ）的作用，积累了相当的能量，因此若把陶瓷加热，将可观察热释光现象，热释光的强度与它所接受的核辐照的多少成正比。由于陶瓷所受

的核辐射是来自于自然环境和陶瓷本身所含的微少的放射性杂质（如铀、钍和钾 – 40 等）。其放射性剂量相对恒定，因此热释光的强度便和受辐射时间的长短成正比。在陶瓷的烧制过程中原始的热释光能量都会因高温而全部释放掉，就像是把"TL 时钟"重新拨至零点。此后陶瓷重新积累 TL 信号，所以最后所测量得到的 TL 信号，是与陶瓷的烧制年代成正比，这就是热释光断代的基本原理。这一方法 20 世纪 70 年代于英国发明，可以检测陶瓷的烧成年代，误差在 50 年左右，这种方法的最大缺点是需要取样，对文物造成伤害。在多年的实践过程中，科学家发现，外部的不确定因素，如机场安全检查的照射和医用 X 光机的照射等会对年代检测的准确性造成误导；再如出土陶瓷如果长期暴晒或者处于低温烘烤（如农村火炕）状态下，也会对年代检测的准确性造成误导；另外如果是未经烧成的老底拼接的陶瓷，取样测试的老底也会造成对整个器物准确年代的误导。所以在正式检测机构出示的报告书中，均言明：检测结果仅对取样部分负责，而且要保证样品部分未受到上述外部不确定因素的干扰。要学会读报告书，最好找相关的负责专家帮助分析，方能使自己立于不败之地。现在上海博物馆专门主攻热释光技术，据博物馆的科学家讲，随着检测数据的增多，已经能够认识外界干扰因素造成的误导。

2. 无损检测器物的化学成分

中国历史博物馆早在 20 世纪就引进了上千万元的国外先进设备，在实践中积累了不少经验，刚开始对付仿古瓷器很有效，在胎釉中发现明显的现代化工原料，可以轻而易举的断其仿品，如前几年镇江向家林闹得沸沸扬扬的定窑案件，曾经到历史博物馆检测，发现现代化工原料，从而被轻而易举地断为现代仿品。

但是最近几年仿古者也学聪明了，能够调整胎釉配方，使之完全符合古代配方的理化数据。所以要学会看检测报告，如果报告说有现代化工原料，是现代仿品，你就不要再抱任何幻想了。但是如果报告说与古代配方符合较好或者没有发现现代化工原料等，并不能说这件东西就是老的，而是意味着需要做进一步的检测和鉴定。因为成分符合古代的，就把这件东西说成古代

无损检测文物成分操作图

的，在逻辑学上也是说不通的。我在20世纪90年代《中国文物报》发表过一篇文章，题目是《科学家与逻辑学》，就是针对某科学家根据成分检测而得出元代青花的错误结论。上海博物馆的陈克伦馆长对我说过："当时我就劝过那位科学家，如此推理是不符合逻辑学的，会犯错误的，但是他不听。"所以当你得到一份肯定的成分检测报告，不要过于高兴，后面还要继续鉴定。

3. 无损检测陶瓷的年代

其原理是通过检测釉的老化系数判定该器物的新老，釉是一层玻璃质的物质，烧成后随着岁月的消失会朝着非玻璃质转化，

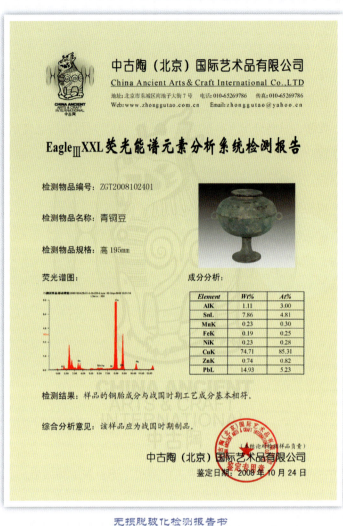

无损脱玻化检测报告书

通过检测计算可以判断出大概的烧成年代。这种方法有一定的局限性，没有釉的陶瓷测不了，老胎后挂彩测出的是最后的烧成年代，一律告知是现代的。目前中陶古艺术品鉴定技术开发中心可以检测，我看过他们检测的程序，对付高仿颇有成效，有两件检测结果让我佩服，一件是接老底的瓶子，从外表根本看不出接痕，但是检测结果告知底是老的，瓶身是新的；还有一件瓶子，明代的底足接了个清代的瓶身，检测结果也明确告知其大概的准确年代。他们的检测有一定的误差，分不出永乐、宣德，也分不出雍正、乾隆，只能分出大概早中晚的时代，但是对付高仿已经足矣。为了保险起见，我建议做此项检测时，可以同时做成分的检测，双保险，更有说服力。

现在社会上搞科技检测的有不少机构，我提醒大家要货比三家，避免上当。记住：凡是宣称自己是百分之百的，一定要提高警惕，真正的科学家都知道，肆无忌惮宣称百分之百的肯定是伪科学，就像医生看病一样，再高的名医也不可能答应百分之百看好你的病，而到了江湖郎中那里，肯定是百分之百的包治百病。

三、陶瓷收藏的提醒

改革开放以前，国内鉴定人才主要出在博物馆和文物商店。仿古陶瓷生产均是在计划经济体制下完成的。改革开放以后，形势变化，市场经济开始与计划经济竞争，随着"收藏家"队伍的扩大，号称有 7000 万人的收藏爱好者为那些下岗后自主就业从事仿古陶瓷的生产者提供了喜人的商机。面对新形势的发展如何做到"与时俱进"，按照"科学发展观"的原则，应对火暴的收藏热潮，则是每个研究工作者均应该认真思考的实际问题。笔者有几点不成熟的想法，试谈如下，欢迎各界人士"拍砖"：

①希望新闻媒体报道文物真假问题采取慎重态度，尤其对个人捐献的事情，应该认真听取博物馆专家的意见后再报道。文物鉴定是个十分专业又十分复杂的专业，有些文物的真假，不是一

下子就能解决的，需要几十年甚至几代人才能解决。如国外梵高的一幅真迹，一直被当做赝品耻笑了35年，直到迈年才被平反为真迹，估价达千万美元。再如黄庭坚的《砥柱铭》，当年连乾隆皇帝都认为不是黄庭坚的真迹，当今专家仔细研究后得出新的观点，应该是黄庭坚54岁时的作品。还有故宫清宫旧藏许多瓷器，有明代仿宋代官窑的，乾隆皇帝不但认为是宋代的，而且还在上面刻了御制诗。当代专家经过认真研究后，逐一纠正了乾隆皇帝当年的错误。此外当代邓拓购买苏轼《潇湘竹石图》时，也被权威专家定为赝品，后邓拓研究认为是真品，自己收藏一段时间，又捐献给中国美术馆，现在已经被定为国家一级文物。由此可知，文物鉴定的复杂性和特殊性，正因为如此，我国制定第一部《拍卖法》时，对拍品的真赝问题采取了极大的宽容。新闻报道要客观公正，切忌别把自己当成专家去做评判。最近几年出现一些令人啼笑皆非的闹剧，似乎均与新闻媒体的不当报道有关。如镇江向家林的"定窑国宝"事件，向家林口称家传数十件定窑国宝瓷器，要捐献一部分给镇江博物馆，博物馆邀请专家鉴定后得出结论："全是赝品"，非常委婉地拒绝了向的捐献。事情到此为止，本可以画上一个完整的句号了。可是新闻媒体突然横空出世，以"报国无门"为向鸣不平，更有媒体，左一个探索，右一个探秘，让不明真相的观众如坠雾中。忽悠到后来，终于"英雄出世"，演出一场滑稽剧，一个贫困县的文管所长拍案而起，动用四万元人民币以捐献奖金的形式收购了在潘家园地摊花几百元就能买到的4件仿古瓷器。再如2009年发生的震惊中外的"国宝献汶川"事件，如果某些媒体事先能够咨询一下相关部门的专家和学者，也不至于闹到去人民大会堂开新闻发布会了。类似的事件还有不少，似乎均与媒体记者的不专业有关。笔者认为，如果是有人宣称自己攻克了"哥德巴赫猜想"，媒体报道这样的专业性强的事件，最好先请数学专家组成的学术委员会认定后再做宣传报道为妥。如果记者想步入收藏行当，我认为先读读小说《大玩家》，可能比读上十部鉴定书籍更能开拓视野，专业性、复杂性、真善美和假恶丑在这部书中都有反映。

②新闻记者在写专业文章时，最好请相关的专家把把关，补习一下历史常识，千万不要把自己当成专家，一味追求轰动效应，譬如有人道听途说，非说法国传教士殷弘绪在景德镇发给教会的三封信是窃取技术机密，欧洲人是在看了他的信后才发明了瓷器。实际情况殷弘绪发出的信是在 1716 年，而德国人早在 1706 年就烧造出硬质瓷，到 1710 年，迈森瓷厂已经正式成立。再如 2013 年年初，在网络上，网民对央视《一槌定音》一件陶瓷熨斗的命名提出不同看法，并且展开热烈讨论，专家认为此问题属于常识问题，本不值得争论。一位署名范昕的记者急急忙忙发表了一篇名为《文物鉴定进入荒诞时代》的文章登载在 2013 年 1 月 8 日东方网上。其全文如下：

本报讯（记者 范昕）近日，现身某鉴宝类电视节目的一件现代熨斗状青花瓷引发热议。这档鉴宝节目官方微博发布"专家辨宝秘笈"称：此物是清晚期的"熨斗"，其胎底粗糙，釉色笨拙但通透，青花样式简约，有清末民国风格，可以确定是真品，不是仿造品。面对这样的"秘笈"，网友 3 天内评论、转发近 3000 次，几乎一边倒地"欢乐"了，"这不是夜壶吗？"有人嘀咕，瓷器底部没有施釉况且不平，怎能当熨斗烫衣服？也有人指出，从汉朝到近代，几乎所有熨斗都是金属质地，造型设计变化也不多，都是水瓢形状，与现代的熨斗并不相像。这到底是学术问题高深得曲高和寡了，还是暴露出了某些所谓"专家"的无知？

南朝青釉刻花虎子
1975 年浙江余姚出土

这类看似荒诞的鉴宝事件近年来频出。2012 年 12 月，郑州一对兄弟状告鉴定专家的官司闹得沸沸扬扬。2009 年这对兄弟带着家传的题款为"乾隆御笔画松并题"的《嵩阳汉柏图》参加一档鉴宝节目时，现场专家将藏品鉴定为赝品，私下却又指点他们将藏品以 17 万元卖出，当时这对兄弟以为自己捡了个便宜。结果，就是这件藏品 2010 年在拍场上拍得 8736 万元的高价。

清道光青花熨斗

2012 年 7 月，号称郑和下西洋装开水用的明永乐青花"热水瓶"现身一档寻宝节目时，闹了笑话。破绽出在瓶底字样"明成祖内阁司礼太监御宝、大明永乐六年戊子秋"，太监怎会知道现任皇帝的庙号？当时，却有中国管理科学研究学术委员会文物鉴定专业委员会主任宁玉新为这件藏品"保驾护航"。

2012 年 1 月，被曝"穿越"的汉代玉凳也得到中国收藏家协会玉器委员会主任姚政等专家的力挺，并在拍场拍得 2.2 亿元的天价。其实，汉代人是席地而坐的，凳子是在"胡人"的连裆裤传入后直至唐朝才逐渐出现的。最令人瞠目结舌的得数 2011 年 9 月东窗事发的金缕玉衣骗贷案，一件由商人自制的"金缕玉衣"竟被 5 个故宫 "泰斗级"文物鉴定专家指为"出土真品"，估价 24 亿元。

作为文物市场上关键一环的鉴定，本应肩负起维护市场秩序、保障市场健康发展的责任，如今却成为继文物造假之后的又一个乱源。据业内人士透露，在文物市场上，所谓的鉴定专家层出不穷、良莠不齐、真假难辨；鉴定证书随意买卖也不是秘密，颁发证书的机构五花八门，或者颇有官方气息，或者颇有学术色彩。而事实上，目前国内没有一个权威的专门机构对鉴定专家的资格进行认证；任何鉴定证书也均不具备法律效力，不承担任何法律责任，只代表鉴定者的个人意见。

据了解，鉴定的困局目前很难解。就算鉴定有误，哪怕是故意乱讲，鉴定者以一句"水平不够"就能将责任推得一干二净。因为，即使是相对权威的鉴定机构或者专家，在鉴定中出现不同意见也很正常。这是鉴定本身的特点和难点，却被有些人当成了可钻的空子。

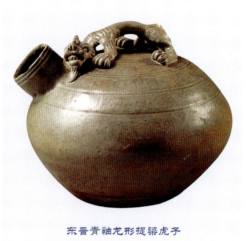

东晋青釉龙形提梁虎子
1951年安徽芜湖市出土

该文章发表后，不明真相的网民欢呼，可是专业工作者感到十分可笑。到今年第六期《文物天地》发表了我的正式论文，从正面论述陶瓷熨斗和虎子的区别。全文如下：

有收藏爱好者对央视《一槌定音》清代陶瓷熨斗提出质疑，认为其应该是虎子，之所以产生这种误断，主要是对陶瓷工艺学造型设计和民俗学的常识缺乏必要的了解。

先说虎子，其用途有两说，一说是溺器；一说是水器。后者是考古工作者根据墓葬出土情况，虎子均摆放于死者头部位置，故推断当为水器。而《后汉书·献帝纪》记载："初令侍中给事、黄门侍郎员各六人"李贤注引《汉官仪》："（侍中）往来殿中，故谓之侍中。分掌乘舆服物，下至亵器虎子之属"。民俗学资料证明，虎子也俗称"夜壶"，一直沿用到20世纪，男人睡觉时摆放于头部，主要是为了拿取方便。虎子质地有金属、漆器、木器陶瓷等多种。

陶瓷虎子东汉墓就有出土，到六朝墓葬出土最多，造型品种变化多端，东晋时出现扁圆形虎子，到宋代以后，基本以扁圆形为主，一直到20世纪70年代邯郸陶瓷公司第五瓷厂还在生产（这

西晋青釉印花虎子
1992年安徽宣城市出土

西晋青釉虎子
1965年浙江温州永宁二年墓出土

个瓷厂主要生产大缸，不但供内需，还远销国外，虎子的质地与大缸料一样，外施黑釉)，以满足偏远山村人民生活所需，造型与宋代定型扁圆形的基本一样。虎子是男性小便用的实用器皿，无论造型如何变化，陶瓷工匠设计时，首先考虑的是实用功能，所以凡是虎子，其口部直颈较为宽大均为圆形，而且口部均设在边缘部位，东汉时略上翘，到六朝时多呈45度斜角，保证了使用功能更加方便。宋代以后扁圆形的造型流行，而且变化不大，主要原因也是因为实用功能所致，其次扁圆形陶瓷可以直接拉坯成型，生产时省工省力，成本低廉，市场销售有竞争力。六朝墓葬出土虎子均为陪葬之品，多出自贵族之墓，所以造型丰富、釉色纯正、做工精良，有的器物还刻有确切的纪年款，历史、科研、艺术价值

西晋青釉虎子
1964年南京永宁二年墓出土

均非寻常，多数被定为国家一级文物，主要存于南京博物院、北京故宫博物院和上海博物馆。南朝出现的扁圆形虎子到宋代以后定型，基本都是实用器物，民俗认为它是属于不登大雅之堂之物，故多使用灰陶、釉陶或缸料烧制，成本低廉，颜色灰暗，不使用时存放于背阴处，尽量不引起人们注意。

熨斗是用来熨烫丝、麻、棉等织物的，其首要功能是需要一个平整的底面，陶瓷青花熨斗出现于清代嘉庆、道光年间的景德镇，早期作品是正烧，底足无釉，应该是第一代产品，虽然底足无釉，但是底面十分平整。不要小看平整的底面，其中蕴涵着陶瓷工匠的智慧与辛勤汗水的结晶。因为陶瓷材料的特殊性，要烧成像平板似的底足是非常困难的事情，如果是虎子，底足可以做成圈足、卧足或者支足，既好烧又可以减少废品率，成本低廉，陶瓷工匠何乐而不为？但是熨斗需要平整的底面，陶瓷工艺发展到乾隆时期日趋成熟，可以烧造出平整而不变形的底面，所以嘉庆、道光时才会有陶瓷熨斗的出现，而熨斗的使用功能，又迫使陶瓷工匠不得不采用平烧这种费工费力的成型方法，制作时

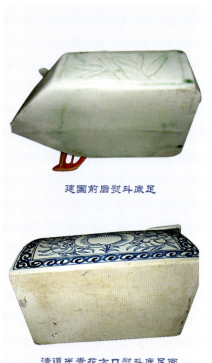

建国前后熨斗底足

清道光青花方口熨斗底足面

建国前后陶瓷熨斗

建国前后熨斗

需要先做好平整的底面，然后将壶体黏结上，类似镶器做法，成本远远高于拉坯成型，而且还要装饰青花，突出使用功能的视觉美感，又增加一道成本。本文展示的是清道光青花熨斗是第一代产品，底面平整，青花画法娴熟，青白分明，视觉效果耀眼，与熨斗的使用功能相符。第二代产品到光绪时改进为立烧，底足有釉，光滑平整，使用时更加方便，而且成本低廉，造型与前期产品基本一样，只是前端呈三角状，更接近现代熨斗造型，美中不足之处是立烧圈足裸露在外，美感略显不足。第三代产品出现于20世纪前半期，造型又有变化，灌水处增加了盖，避免使用时水溢出，这种熨斗直到解放初期仍在生产。第四代产品与电气相结合，只是底板为陶瓷的，都无釉，以金属陶瓷为主，现代还有纳米陶瓷等多品种。第

清道光青花熨斗

清道光青花熨斗底足

一代产品和第二代产品容易被误解为虎子，尤其是第一代产品，底足无釉，更容易成为误解的理由。其实在陶瓷实践中，只要在烧造前精心修坯或者用湿布仔细擦洗，烧造后，即使无釉，仍然可以达到光滑平整的工艺要求，传世的第一代陶瓷熨斗其底部使用痕迹均十分明显，底面虽有包浆，甚至看上粗糙，但是仍然平整，用手摩挲感觉十分滑润，完全可以说明它们的实际用途。陶瓷熨斗口部直颈较小，基本都是直角，也有的做成方口的，与虎子的实用功能截然不同。清代中晚期，宜兴地区也开始生产紫砂熨斗，张捷先生在《文物鉴定与鉴赏》2012年第二期著文介绍一款宜钧釉紫砂熨斗："这款紫砂'盘奎'熨斗，总长28厘米、高14厘米、底宽13厘米、手柄长4厘米、盖纽长3厘米。上部中央盖纽周围有凸起的浮雕花卉纹饰。胎体段泥呈暗黄色，手柄红泥呈深红色，胎质细腻，釉面温润，质感透亮，釉而有自然形成的网格纹和若隐若现的蛤蜊光。熨斗的上部中央有一个带旋盖的口是用来灌注热水的，熨斗就是靠热水传出的热量来熨烫衣物。"说明清代中晚期流行陶瓷熨斗是不争的事实。

陶瓷熨斗在熨斗发展史中有重要的一席之地，其最大的优点是不会烫烧衣物，其次是成本低廉，曾经在中国流行将近200年，正需要后人认真研究，过去的古玩行教授学徒时生怕学徒搞错，一再告诫:"熨斗叫虎子,生意难盘活。"

广大收藏爱好者质疑熨斗为虎子,属于正常的学术争鸣,没有任何可大惊小怪之处,可是偏有极个别的历史知识基本为零的记者,居然把网民的学术争鸣当成可靠的科学结论,又根据一些道听途说风马牛不相及的事情拼凑出《文物鉴定进入荒诞时代》活报剧,把自己穿越到一个真正的荒诞时代中,实在是令人啼笑皆非的滑稽戏。

清光绪青花釉里红熨斗

文章发表时还附有许多出土文物照片说明问题。该文曾被许多网站转载,而且

清宜钧釉熨斗

标明,希望讨论。可是令人费解的是,居然没有任何反对的声音,就连范昕记者也销声匿迹了。

③收藏爱好者都有经验,收集藏品,千万不能听故事,越是离奇的故事,背后隐藏的玄机越深。传统鉴定更不能听故事,尤其是××制造的故事,更要提高警惕。美国和日本曾在民国时收藏磁州窑龙纹花口瓶和梅瓶各一件。学术界一直有真赝之争,近80多年来,花瓶之真伪的争论,一直十分激烈。国内外著名

清光绪青花釉里红熨斗底足　　　清光绪青花釉里红熨斗立烧底足面

的陶瓷学者，包括许多著名的鉴定专家，均加入到讨论中。赝品之说即来源于一个绘声绘色的故事，美国陶瓷学者如黛维德先生曾经指出该瓶为赝品，令举世震惊。理由是他曾经在北京见到过仿制该瓶的陶瓷仿造者的外甥，此人讲曾目睹整个制作过程。冯先铭先生在世时也认为是赝品，还对笔者讲过，可能也是相信了这个故事。最近几年有收藏者在窑址找到与其藏品完全一样的画龙纹的瓷片，这件事情可以画上句号了。笔者在前几年曾经接待一位收藏家参观故宫陶瓷馆，这个收藏家指认展柜中的一件新石器彩陶罐，认为是赝品，而且信誓旦旦地说见过××制造。我告知他，这件藏品有档案记载，是考古工作队的发掘品，有明确的出土地点，早在1954年就已经入藏故宫博物院。彩陶的仿制品是改革开放以后才出现的事情。看见我出示给他的原始卡片后，他才心悦诚服，连说："还要好好学习啊"！改革开放以后，仿古陶瓷的高水平确实令人防不胜防，但是熟悉陶瓷工艺的收藏者都知道，任何一件陶瓷都不会出自一人之手，《天工开物》就有"一道瓷器，过手七十二方克成器"之说。拉坯、刻花都非一日之功炼成的，再加上配料、配釉、炼泥、烧成、彩绘等，需要多人合作，才能完成一件理想的作品。当今的所谓做高仿的，实际上都是组织者，集中各路高手"方克成器"。而且这些人或者像黄云鹏那样，将仿制品都标上号，卖的就是仿制品；或者干脆一声不吭，闷头发财。至于那些叫喊××是他做的仿制品的人，有前车之鉴，务请大家提高警惕。有句俗语说的有意思："咬人的狗不汪汪，汪汪的狗不咬人。"

④改革开放以来，收藏走入千家万户，弘扬传统文化成为大众参与的事业，一部分收藏爱好者著书立说，有许多甚至令专业人士自叹不如，如王德安考证青花人物故事，文化底蕴深厚，言之有据，成果喜人；再如裴光辉研究陶瓷和书画，注重原始文献，文笔犀利，逻辑严明；还有胡雁溪侧重研究民窑和外销瓷器，颇多新发现。另有一部分收藏爱好者和古玩商业工作者在实践中积累了丰富的实践经验，如路东之鉴定陶器，张德祥、马未都鉴定家具，高阿申鉴定民窑瓷器，王敬之鉴定田黄，以及活跃在古玩市场的各路高手，鉴定各类藏品均有独到之处，他们均是在实践中摸爬滚打出来的，甚至付出过高昂的学费醒悟后，总结出一套应对当前市场而行之有效的"绝招"。反观博物馆的专业工作者，一部分墨守成规，不敢越雷池一步，少部分年轻工作者则像搞地下工作一样，悄悄地"与时俱进"。如何面对当前改革开放的大好形势，适应时代的发展，值得决策者认真思考。能者为师，是中国传统文化的美德。《文物法》规定了"藏宝于民"的国策，博物馆已经形成国有、企业和私人三种，全国火暴的古玩市场已经带动了各地的经济发展。"与时俱进"和"科学发展观"如何落实到文物鉴定事业上，应该是每一个关心该事业发展的人认真反思和思考的命题。

第二章　民国陶瓷

陶瓷史一般都只以古代史为主，到清晚期就不提了，为补齐不足，特补写民国和当代两章。

辛亥革命成功后到1949年，在短短的30多年中，地球人类竟然经历了两次世界大战的炮火磨难。中国也不太平，虽然侥幸躲过第一次世界大战的硝烟战火，但是千疮百孔的华夏大地需要与世界接轨，迈出现代化的时代步伐，而内战和日本侵华严重阻碍了国人赶超世界的步伐，但是一向以吃苦耐劳著称的中国人，在此环境中，仍然以坚忍不拔的精神创造了许多奇迹。民国陶瓷史就是在这种精神的映衬下写就的，虽然不能说辉煌壮丽，但是依然丰富多彩，许多亮点仍令人叹为观止。

早在清代晚期，受到西方工业革命冲击的陶瓷业，已经开始觉醒。清光绪三十年（1904年）到宣统二年（1910年），中国先后建立了七个现代化的新式瓷厂，其中最有代表性的在景德镇和湖南醴陵。光绪二十九年（1903年）江西巡抚柯逢时曾经向清政府建议开办景德镇瓷业公司。到光绪三十三年（1907年），景德镇瓷业公司开始筹办，开始是官商合办，后改由商办。宣统二年（1910年），江西瓷业公司正式成立，其性质为官商合办，民族资本家张季直等人认私股，官股则由冀、鄂、苏、皖、赣五省协款，资本为二十余万银元，具体负责人为祁门贡生康特璋。该公司设本厂和分厂两处，本厂设于景德镇，仍然沿袭旧法制瓷，分厂设于鄱阳，研究新法制瓷，并且设立陶业学堂，拟用机器制瓷、煤窑烧炼。辛亥革命后，五省协款无法到位，鄱阳分厂关闭，景德镇本厂仍然生产。

与景德镇瓷业公司成立的同时，湖南醴陵也成立了一个官商合办的瓷业公司。1906 年，以熊希龄为首，在醴陵姜湾创办“湖南瓷业学校”，聘请景德镇和日本技师授课，培养了一批技术骨干学员，遂招足股本 5 万元，成立“湖南瓷业有限公司”，将速成班学员派往实习，其成果显著，后又继续招生四次，先后派往公司工作，这些学员均成为生产中的中坚力量，为瓷业公司的发展立下了汗马功劳。由熊希龄出任总经理的湖南瓷业公司，规模宏大，有圆器厂、琢器厂、机械室、化学室、电灯室，等等。醴陵盛产优质瓷土，天时、地利、人和均已齐备，湖南瓷业公司在很短的时间内便完成生产改型，以釉下五彩的细瓷著称于世，成为中国的第二个瓷都，其产品质量在世界上遥遥领先。1907—1912 年，醴陵釉下五彩产品，先后参展国内南洋劝

湖南褐釉人情罐

业会和国外巴拿马、意大利世界博览会，均获得一等金牌荣誉奖章。一时醴陵瓷器"风潮所市，举国若狂，各阜商贩之来此贩运者络绎不绝"。醴陵瓷业公司应该是当时赶超世界最成功的典范。

除景德镇和醴陵外，光绪三十年（1904 年），在福建创办了厦门福建宝华制瓷有限公司，资本为 12 万元。光绪三十一年（1905 年），在江西萍乡创办了萍乡瓷业公司，资本为 20 万元。宣统元年（1909 年），在四川由劝业道周孝怀与泸县设立瓷业公司。

第一次世界大战期间，中国获得一段短暂的安定环境，民族工业的新式瓷厂有所发展，1914 年，吉林创办了中兴瓷业股份公司，地点在双阳县柏子窑棚。1915 年以后中国陶瓷业更是蓬勃发展，浙江成立泉色瓷业工场；福建成立风济公司；四川更是如雨后春笋，先后成立蜀瓷公司（在巴县）、大成公司（在隆昌县）、昌州制瓷公司（在大足县）、新华瓷厂（在威远）、川北瓷厂、川东瓷业公司（在重庆）、兴华瓷业公司（在资中）；山东有博山瓷业公司；河南有新安瓷业厂、汤阴瓷业厂、青华瓷业厂（在博爱）；河北有北京瓷业公司、天津振亚瓷器厂、唐山启新瓷厂；山西有晋艾陶器有限公司；上述这些新式瓷厂均是清末民初成立的，较晚的是辽宁肇兴窑业公司，成立于 1928 年。除此之外，民国时期还有外商在中国开办陶瓷厂的，1919 年左右，日本人在大连成立大华窑业公司，由南满铁路会社经营。1931 年"九一八事变"后，辽宁肇新公司被日人夺走经营。山东有英国商人成立泰山面砖公司，生产瓷砖。日人在上海设立中原瓷厂，也生产瓷砖。英国商人还在上海成立了爱迪生电瓷厂，生产电瓷，原料采用英国产耐火土球形黏土结合苏州、无锡产黏土。其工艺完全采用机器生产，电瓷更是专利，中国陶瓷一时无法与之竞争。

以上就是民国早期中国陶瓷发展的大概情况，当时世界陶瓷以英国和德国最好，其优势是机器化生产，工艺规整，质地精良，而且成本低廉，进入中国市场后，就像洋布冲击土布一样，令瓷器发源地倒吸一口凉气。在有志之士的努力下，民族工业开始重振雄威，到日本侵华战争前夕，全国陶瓷工业已经出现非常喜人的变化。到1932年，就连"广西省政府也聘请技师指导业者生产，并设立瓷器厂作改良试验，生产技术有所提高，产销量大增。当年从事瓷业生产的有六思、新塘、老窑、天塘等14个村、350户、1750人，共有瓷窑35座，每年各村共烧窑数百次，产品畅销全省"。景德镇改用煤炭烧窑、注浆工艺和印花工艺也开始应用，到"九一八事变"后，1928年创办沈阳肇兴窑业公司被日寇掠夺，其创办人杜重远流寓在上海，1934年应"全国经济委员会江西办事处"聘请来到景德镇，出任江西陶业管理局局长。早在1924年，杜重远就到景德镇调查窑业，发表了景德镇瓷业调查记，对于如何振兴景德镇窑业，赶超世界水准，均有具体科学和切实可行的方针方案。杜重远可谓是旧地重游、重操旧业，很快就按照现代管理模式，成立了江西光大瓷业公司，厂址设在九江，购置现代化机械设备，正当资金到位，一切顺利发展时，杜重远却因"新生"周刊事件，被反动当局判以一年徒刑的处分。1936年杜重远因思想进步受到当政者歧视，愤然离景德镇而去。一次卓有成效的资本主义民族工业改革，最后在1937年九江沦陷后，其全部厂房和机器为日寇掠夺。

民国时期陶瓷工业遭到重创，主要是日本发动的侵华战争。景德镇虽然没有被日寇占领，但是日寇轰炸，先后毁窑30余座。宜兴沦陷后，原有的10条紫砂龙窑竟有7条被改筑成碉堡。鼎盛时期的宜兴从事紫砂生产的艺人达 1000 人之多，到解放前夕只剩下 20 余人。紫砂雕刻家任淦庭竟然流落到附近山区靠打柴和卖画为生。名艺人蒋燕庭，穷得只剩下披身的麻袋，最后在贫病交迫中死去。正如当时民谣所说："窑上青草密如麻，泥灰堆上长棉花。瓜藤缠满窑头树，荆棘丛中啼乌鸦。"石湾陶瓷生产也是如此，日寇占领前，有陶窑 68 座，大小窑厂 3634 所，从业人员达 7700 人左右。日寇占领后，陶工大量逃走，陶瓷生产几乎完全停顿。除此之外，日本侵华战争期间，关于陶瓷方面，日本人还干了一些不太光彩甚至令人啼笑皆非的事情。一是在占领山东淄博后，到处搜寻油滴釉的配方，甚至把老艺人抓到宪兵队严刑逼供。二是日本学者小山富士夫坐着装甲车，让日本军人盗抢定窑瓷片。20 世纪 70 年代，我在邯郸陶瓷研究所工作，和叶麟趾先生的次子叶广成先生共事多年，曾经听叶广成先生聊起此事。叶麟趾先生曾著《古今中外陶瓷汇编》一书，书中明确提出定窑窑址在曲阳。但是该书发行量极少。小山富士夫曾经找叶麟趾先生咨询定窑窑址之事，叶先生没有告诉他，后来小山富士夫在一个书店居然买到《古今中外陶瓷汇编》，得知定窑的确切消息后，决定去考察，可是曲阳当时是八路军和日寇拉锯的地方，战事摩擦经常发生，于是小山富士夫调用日本装甲部队，就像电影《地道战》中鬼子偷雷一样，匆匆忙忙装满几麻袋瓷片回到日本去研究了，而且向世界宣布，发现了定窑窑址。现代日本还设了一个"小山富士夫奖"，奖励全世界陶瓷考古有突出贡献者。我不想对此说长道短，只是遗憾我们自己为何不设立"陈万里奖"或者"唐英奖"，前者是现代中国最早将考古学和陶瓷史研究结合的先驱者，后者早在雍正七年（公元 1729 年）就派助手吴尧圃前往河南禹县调查钧窑窑址，而且仿制钧窑瓷器成功者，也算开陶瓷考古调查的先河吧。三是在伪满洲国设立官窑，此事让人感到有点啼笑皆非，据说是日本人出于对中国官窑的崇拜，由甘粕正彦规划，在 1943 年于吉林省五万坪设立厚德官窑，委托小森忍任制陶所所长，其产品底款书康德年制，传世品不多，随着两年后日本战败，均化为乌有。

民国陶瓷发展一波三折，但是许多亮点，至今令人赞叹，其辉煌之处可归纳为三点：

一、仿古陶瓷和美术陶瓷的历史高峰

清晚期到民国时期是中国陶瓷史上仿古陶瓷生产的高峰期，其规模、质量和产量均超过此前的任何一个朝代。其主要品种如下：

1. 颜色釉

颜色釉陶瓷本是官窑控制最严的品种，也是技术含量最高的品种。有些品种即使官窑烧造也有相当大的难度，如康熙的豇豆红釉，仅在康熙时期烧造，到了雍正时期，由于原料配方的原因已经烧不出，呈色灰暗，类鼠皮，故俗称"乳鼠皮"。而到了清晚期及民国时期，仿制康熙豇豆红的产品出现在古玩市场，达到几可乱真的程度。郎窑红也是铜红釉的名贵品种，只在康熙时期官窑生产，但是到清晚期和民国时期，仿制品也以真假难辨的面目出现，令古玩商颇费了一番工夫，才找到区分新老的鉴定要领。钴蓝釉仿制也很成功，其他如茶叶末釉、窑变、青釉等均可与官窑媲美。低温釉彩如黄釉、绿釉、胭脂彩等均被古玩商誉为"毫无俗气的名品"。河南神垕在民国时期曾经找到少量古代钧窑釉料，仿制过钧窑产品，釉色与古代钧窑无二，可惜造型差距太大，甚至还有不少杜撰作品，如农民起义用的大印等，除了收藏和研究价值，不可与景德镇仿古瓷器同日而语。

2. 青花瓷器

主要仿品是明晚期官窑和康熙时期产品，造型、画工、呈色几乎乱真。明早期有孙瀛洲仿品，但是青花呈色灰暗，是研究者早期的尝试之作，传世品少见，极具收藏价值。到民国时期，进口钴料便宜，南北方均广泛应用，俗称"洋兰"，呈色浓艳，若化验成分，反而与古代"苏料"极为相似。

3. 彩绘瓷器

五彩主要是仿明晚期和康熙作品，多数流传到国外，造型、画工均得前朝神韵。

粉彩和珐琅彩也有仿制品，前者画工精细，如果不是官窑改制，这些画匠应该都是御窑厂的"大内高手"。后者主要是仿制康熙珐琅彩作品，颇得神韵，鉴定时需要比照真物仔细对比方可分辨新老。

4. 刻瓷

乾隆皇帝一生写了五万余首御制诗，有关陶瓷的多命造办处玉匠刻于瓷器上，可谓是开刻瓷先河。到清晚期以后，以钢钻或钻石作为工具，在烧好的白瓷上刻画山水人物，别具风格，成为新的陶瓷装饰技法。清晚期有名家黎瑛，字竹庵，江西新建人。其子黎勉亭继承父业，1915年，袁世凯特邀黎勉亭住北京，为英王乔治刻像，半年完工，神态逼真，惟妙惟肖，颇受好评。以后刻瓷遂发展为一项专业。

5. 雕瓷

雕瓷实际是刻花和剔花工艺的延续，于瓷器坯体上雕刻花纹，形成浮雕效果,清晚期开始成熟,雕刻山水人物,"辙喜仿象牙、竹、木之釉,所雕之竹林七贤、东坡赤壁、垂杨条马为多"。清晚期名家有陈国治、王炳荣。光绪时期有李裕元,作品不上釉,称之为"反瓷"。民国时期,雕瓷以福建游蛮子(或称游长子)最为著名,"每一器出,风靡中外,人争取售"。景德镇几乎所有雕瓷艺人,群起仿效。游蛮子还擅长捏像,对人目视手捏,惟妙惟肖。与游蛮子同时的李东山,四川人,创作能力更胜一筹。

6. 陶瓷雕塑

佛像瓷雕本是福建德化窑的拿手之作,明清以来即有德化工匠到景德镇传授技法。清末民初,景德镇的瓷雕仍以锥拱、玲珑、镂雕为主要技法,在人物雕塑方面则吸收西洋雕塑技法,人物衣纹及人体结构改变了以往呆板单调的风格,更显生动活泼。如"送子观音"颇受国外欢迎,尤其在日本,大有供不应求之势。此外现实主义题材的瓷雕也曾经流行一时,如以"蚕食"揭露日寇侵华的狼子野心,以"太白醉酒"揭露当政者腐败,以"和尚背尼姑"批判封建迷信等,均颇受市场欢迎。

石湾向以陶雕出名,清晚期名家如林,光绪时期有黄炳,善书画,多画梅雀之类,陶雕作品多人物鸟兽,尤以猴、猫和鸭最为精美。同期人黄古珍,系黄炳之叔,岁数小于黄炳,其作品多浮雕山水人物,对佛像和鸟兽亦制作精巧。稍后有陈瑞岩,塑像及动物极为精致。民国时期最有名者为潘玉书,师从黄炳和瑞岩,曾到景德镇学习人物雕塑。第一次世界大战期间,潘玉书曾到法国研究欧洲雕塑艺术,归国后以雕塑人物故事著名。他的作品不限于观音、罗汉之类的神祇偶像,而是侧重人体,把握人物神态,给人以传神之感。他还仿制欧洲白瓷,作裸体塑像,涂以乳白铅釉,颇具西洋风格，很受西洋人士青睐。潘玉书的"踏雪寻梅"曾印刷在前几年发行的邮票上。其他作小型陶塑名家有刘胜记及其子刘佐朝。刘胜记以"石湾公仔"著名，作品多出口，如"太白醉酒"刻画诗人醉意朦胧的浪漫神态，颇有情趣。刘佐朝多塑小型人物，简约洗练，注重个性。同期还有梁醉石，善塑三寸左右的人物小件作品，多为宗教人物，基本销往国外。

7. 珠山八友

民国初年，景德镇即有一批彩绘瓷器的名家，如汪东荣，擅长工笔人物花鸟；周小松，擅长神佛；汪晓棠，擅长仕女；许尚礼，擅长花卉翎毛；潘匋钧，擅长花鸟人物等。稍后有"珠山八友"，他们组织了一个"月圆会"，王琦、王大凡、邓碧珊、徐仲南、汪野亭、田鹤仙、程意亭、刘雨岑等人均在其列，他们着意练习中国画，以国画的手法装饰瓷器，试图使中国画的技法与陶瓷装饰相结合，对后来的景德镇瓷器装饰艺术的发展有相当大的影响。"珠山八友"的内涵现在逐渐扩大，泛指民国彩绘瓷器高超者，曾龙升以雕塑著名，也被列入其中。

8. 醴陵釉下五彩

湖南醴陵釉下五彩是民国时期新创新陶瓷装饰技法，与青花釉里红一样均为釉下彩，但是色彩更加丰富。彩绘名家有关寿祺、张逢年、田瑄，后者绘花瓶，出国展出曾得奖。

9. 洪宪瓷

民国初年几个当政者如袁世凯、徐世昌、冯国璋等均在景德镇定烧过瓷器，主要品种是彩绘陈设瓷，瓶类居多，图案有草虫花鸟，仕女婴戏等，画工极为工整，底款多书"居仁堂制"，这批瓷器主要由郭葆昌监制，而书"洪宪年制"，现在公认没有真品。

傅振伦先生曾与郭葆昌是同乡，而且曾在故宫共事多年，傅振伦先生在世时曾经对我讲过洪宪瓷的一段往事，先生说："郭葆昌有一次请他和故宫院长马衡吃饭，席间聊起他曾经受袁世凯之托，准备恢复官窑，他到景德镇招榜考试，以欧阳修《秋声赋》为题，选拔彩绘高手，生产洪宪瓷器。"傅先生说："此前未闻洪宪瓷事，郭葆昌有个师弟做古玩生意，不久就在其师弟的古玩店中见到不少洪宪瓷器。"郭葆昌对景德镇十分熟悉，自己也在那里定烧过瓷器，底款落"觯斋主人"，北京故宫现在尚存郭葆昌先生新中国成立前捐献给故宫的瓷器，从画工看，确实十分精细，不亚于古代官窑，现在偶尔也可见到传世品，颇具收藏价值。

二、陶瓷教育

清晚期的政治改革"百日维新"虽然以失败告终，但是其倡导的废科举、立新学、办实业等与国际接轨的各项措施已经成为深入人心、不可抗拒的历史潮流。关心陶瓷工业的中国知识分子，一致认为中国的陶瓷要与洋人的陶瓷争夺市场，不但要引进国外先进的制瓷技术，同时还要培养掌握科学技术的人才。于是在一些陶瓷产区开始了新型的陶瓷教育事业。中国最早进行现代教育的陶瓷学校，是 1906 年由熊希龄创办的湖南省醴陵瓷业学堂，熊希龄以出洋考察宪政官员的身份先后赴日本和醴陵考察教育与实业，然后，提出"一立学堂，二设公司"的构想，该学堂的专业教师多从日本聘请，教学分速成科和永久科两个班。前者培养在职的熟练工，学期为半年；后者为四年制正规教育，对象为 15 岁以下有文理基础的青少年，主要从窑户子女中吸收。该校侧重于瓷器装饰教学，并将所设计的画面推广到生产中去，首创釉下五彩技法，引进的先进设备更是如虎添翼，使得醴陵开始了中、高档瓷器的生产，很快便成为中国的第二个瓷都。1910年由张謇、瑞征等人发起成立的景德镇江西瓷业公司这个公司，其经办人康特璋在主持瓷业公司时，曾因为担心景德镇窑工因循守旧的习惯势力过于强大，"故迁地以避之"。特设立本厂、分厂两处。本厂设在景德镇，分厂设在鄱阳城内高门。在鄱阳分厂中，当时还附设了一所陶业学堂。这所陶业学堂的设置，目的在于培训从事机械制瓷和煤窑烧瓷的技术工人，以便利用机械制造，逐步取代手工操作，建造煤窑取代柴窑，从而节约成本，提高劳动生产率。陶业学堂的堂长，由徐凤钧出任。辛亥革命后，鄱阳分厂停办，瓷业公司集中力量经营景德镇本厂。1912年，陶业学堂被江西省接办，从此陶业学堂与瓷业公司分离。校长改由张浩担任，校名也改为江西省立饶州陶业学校，学制为两年。张浩，字犀候，曾在日本东京高等工业学校的窑业系学习窑业。学校在张浩的主持下，很有起色，他精心规划校舍的建设和各种试验场所的配置，注重数、理、化等基础课程和陶瓷技艺课程的教学，多方聘请学识丰富、技艺精良及资历较深的教员、技师、工程师前来任教，自己也亲自讲授专门课程，并亲手训练操作新式机器及烧窑技术。例如邀请留日学生邹如硅教授窑业，聘请日本技师指导辘轳实习。该校是当时全国唯一的陶瓷专门学府，学员不仅来自江西全省各市县，还来自全国各省区，毕业以后，担负各地工业试验所和工厂窑业技术的革新改良工作，受到好评。张浩可以说是我国培养近代陶瓷技艺人才的教育家和运用科学技术革新陶瓷业的开拓者之一。

民国35年(1946年)，为适应抗日战争胜利后瓷业发展的需要，经省府批准，在办职业班的同时，开办专科班，设陶瓷工程科，分别招收高中毕业生和初中毕业生。前者学制2年，招生23人，后者5年，招生9人。之后，又办起了五年制的陶瓷美术专科班，学生前三年同职业班待遇，后两年享大专班待遇。通过开办专科班，办学条件有较大的改善，增加了教师，兴建了新型阶级窑，实习工厂的产品也受到了社会的青睐。同年7月，蒋介石在庐山召见汪璠，交办了赠送盟邦礼品瓷的任务。在承办"国府定瓷"任务中，学校组织了本地名家和教师进行造型、画面、图案的设计，分陈设瓷、日用瓷两大类。设计的图样送省转南京批准后承制，经过几个月的努力，造出的瓷器古朴雅致，富丽堂皇，蒋介石和宋美龄以国家或个人名义赠送了美国总统杜鲁门等人，从此，学校名声大震。次年，又制造了第二批国府定瓷，其中赠给英国女王伊丽莎白结婚的礼品瓷，更是中英两国盛传的佳话。民国时期建立陶校的还有河南禹县，1920年国民政府在禹州创办职业学校，设陶瓷科，旨在恢复钧窑名瓷，5年未果，又迁至神垕镇改办专业陶瓷职业学校，到1943年学校停办，恢复钧窑名瓷的雄心壮志仍未实现。1933年江苏省立宜兴陶瓷初级职业学校成立，尹瘦石、朱可心均在这所学校就学，日寇占领宜兴后，该校停办。清华大学教授李正安先生曾经著文论述民国时期陶瓷美术教育，提到另一位陶瓷教育的先行者："继陶瓷专业在清末纳入学堂教育后，又于民国驻足高校。且先后在图案、工艺美术教育的构架内，开始由专门学日本到借鉴欧美各国和日本的转变。促成这一转变的，首推1912年首任民国教育总长的蔡元培。作为既有中国传统文化根基，又受西方近代文化思想启示的教育家，他在前人的基础上，制定了将实利主义教育和美感教育相结合的教育方针"。"他提出'以美育代宗教'的主张，创办了第一所国家美术学府——

国立北京美术学校。"在大学体制上，他倾向于法国的大学可包括各种专门学术，主张采用德国的教授治校方针，结合英国的综合各种学科制，以及美国的选课制等。尽管设计教育进入高校只是历史转变中的局部，且不成规模和体系，却反映出以蔡元培为代表的一代人趋求完备的西化教育思想。

民国年间由国家设立的美术院校中，最有代表性的分别是国立北京艺术专科学校（后称国立北平艺专）、国立杭州艺术专科学校（简称国立杭州艺专）。而高校中陶瓷专业教育的开拓者，当数叶麟趾。叶麟趾毕业于京师大学堂（北京大学前身）。1904年，他16岁便留学日本东京高等工业学堂窑业科，4年后又于东京帝国大学的窑业科学习1年。20世纪二三十年代，他执教于国立北平大学工学院。1933年，他在该院《化学季刊》上发表《扩充窑业教育之意见》一文，列举了当时高等教育忽视陶瓷的诸多弊端，如陶瓷业的墨守旧法，粗制滥造，教育、实业两界的尚未充分注意，以及当局的置之不理，或理而不专。对于陶瓷专业教育不能独立，缺乏课时和必要设备之状况，叶麟趾有不同见解。他在同一篇文章中说："至于高等教育，如昔之高等工业学校或工业专门学校，则制度上之窑业科亦少有设立者，大都并入应用化学科内，以为专修课程，而适当之设备亦并无之。此项专门教育既已如是不振，事业前途，自无良好之希望。且自工业专门学校改为大学以来，关于此项学科之设施，亦仍旧等闲视之，尤为遗憾。以高级之窑业专门学术，附属于化学科内，仅专修于一学年，而又缺乏适当设备，则其程度薄弱、难济于实用，不言可知。亟宜详审利害得失之点，仿照东西各国有效之成规，另设窑业科而为扩充之举，方可培养此项学术之基础，以图斯业之进展也。"早在70多年前，他就明确提出于大学独立设置陶瓷专业的主张。

1937年，他在北平艺术专科学校实现了自己单设陶瓷专业的愿望，有了一个"制度上之窑业科"，从事陶瓷专门人才的培养工作。台湾陶艺家吴让农以及曾在中央工艺美院陶瓷系工作的蔡德春等，均是叶麟趾的学生。据蔡德春回忆，当初叶麟趾就以《古今中外陶瓷汇编》为教材，谈及之所以要进行这种以科学精神和方法为本的陶瓷教育，就是要克服以前思想保守的一面，倡导一种无偿的、科学的思想境界。

抗战胜利后，叶麟趾继续担任陶瓷科主任教授。陶瓷科曾得到美术教育家徐悲鸿的扶植。"新中国成立后，国立艺专改名为中央美术学院，仍设陶瓷科，每年招收新生，虽然学生人数不多，但从未间断。由于当时中国的陶瓷工业生产得不到很好的发展，经济处于落后状态，陶瓷艺术设计教育也很难有较大的发展。"另外，隐藏在上述状况背后的、影响该项教育发展更深沉的原因，就是人们缺乏对陶瓷设计教育贯通的研究，认不清渐变提高与无序突变的区别，以致容易偏激。

从以上史实可以看出，民国时期的陶瓷教育是在承前启后的过程中艰难发展的，对于那些开拓者和先行者有过的卓越贡献，后人当与之铭记。

三、陶瓷史研究

陶瓷史研究的目的应该是为陶瓷发展提供依据的学科，中国虽然有延绵不断一万多年的陶瓷发展史，而且最早发明了瓷器，但是能称为陶瓷史的专著者，数千年来寥寥可数，如果从宋元之际的蒋祁《陶记》算起，明代有宋应星《天工开物·陶埏》、周高起《阳羡茗壶系》、清代有朱琰《陶说》、蓝浦《景德镇陶录》、龚鉽《景德镇陶歌》、吴骞《阳羡名陶录》、唐英《陶冶图编次》、佚名《南窑笔记》等不足十部。而到了清晚期至民国时期，各种关于陶瓷史的专著则如雨后春笋，超过了历史上的总和数倍之多，其中具有里程碑意义的，首推陈万里先生，从1928年开始，陈万里八下龙泉调查窑址，首次将现代考古学引入陶瓷史的研究之中。其次是周仁先生，1928年工程研究所成立时他决定在工程研究所中设陶瓷试验工场，并决定与中央大学工学院合办，建该工场于南京。他从湖南、江苏等处请来8名技工，筑窑烧瓷，开始了中国传统陶瓷工艺技术的研究。

为了取得各个时期烧制陶瓷的科学数据，自1929年起，周仁亲自到南京官窑窑址、杭州凤凰山万松岭南宋官窑遗址，进行多次挖掘，并先后两次亲赴瓷都景德镇进行调查。他与景德镇著名老艺人共同对传统青花瓷的制造工艺进行科学实验和总结。

为振兴中国陶瓷工业，周仁撰写了中国陶瓷工艺的第一篇论文《中央陶瓷试验场工作报告》。以后又对如何选择陶瓷坯土配方的准则、一般陶瓷的制造、制成彩色釉、合理瓷窑的建筑、古瓷的烧制等提出了许多新见解。1928年夏，孙中山先生遗体安葬，他奉命精仿古瓷品80件，以资陈列和纪念。在周仁的精心指导下，其质量受到世人称赞。周仁到20世纪50年代出版《景德镇陶瓷的研究》真正树立起陶瓷史研究的第二个里程碑，使中国陶瓷史的研究与现代工艺学相结合，其成果令世人瞩目。其次叶麟趾先生著一书，《古今中外陶瓷汇编》，首次明确指出定窑窑址位于河北曲阳，该书涉猎国外陶瓷虽然不多，但却是中国人撰写的第一部世界陶瓷简史。熊希龄、杜重远关于建新型陶瓷厂所作的调查报告以及黎浩亭《景德镇陶瓷概况》等，则偏重经济，均已成为研究现代陶瓷史的重要参考文献。而江思清著《景德镇瓷业史》，其研究方向独辟蹊径，把陶瓷史看成文化史的一部分，为今后陶瓷史的研究发展，开拓了新的道路。郭葆昌只读过半部《论语》，但是却写出了《瓷器概说》，首次提出"粉彩"一词，而且沿用至今。又整理乾隆御制诗，收录了乾隆关于陶瓷的199首诗，均有首创之功。但是郭葆昌先生身为古董商人出身，却上了古董奸商一当，重金收购一部伪书，而且整理后，以中英文印刷发行，印刷精美的《校注项氏历代名瓷图谱》出版后，对其著文批判质疑的居然是法国汉学家伯希和，而且是用外文写成，翻译成中文的是著名的中外交通史学者冯承钧，耐人寻味的是若干年后，冯承钧的儿子冯先铭却成为著名的陶瓷史专家，真可谓是世事沧桑，几度轮回。喜欢收藏的藏家，可能更爱读《饮流斋说瓷》，该书条理清楚，涉及鉴定及市场，但是我个人认为，如果想了解陶瓷史的深度，还是读杨啸谷著《古月轩瓷考》更有收获，此书至今仍然是研究珐琅彩瓷器的首选书目，经得住历史的考验。

杨静荣讲古陶瓷

第三章　当代陶瓷

纵观新中国60年的陶瓷之路，大体可分为两个阶段，1949年至1979年可为第一阶段，1979年至今可为第二阶段。现简述如下：

一、简短的回顾

早在1470年，中国的制瓷技术就传到欧洲，1709年德国烧制出硬质瓷器。1750年在英国发现瓷土，并烧制出瓷器。中国制瓷技术传到欧洲后，得到进一步发展，原料配比、成型方法、烧成技术以及装饰工艺等方面，都采用了比较先进和科学的方法，瓷器的质量和产量大大提高，中国传统手工业方式生产的陶瓷，就像洋布冲击土布一样，面临着危机和挑战。鸦片战争之后，英、德、法瓷器开始销到中国，后来日本瓷器更是大量销往中国。在较长的一段时间内，中国传统的手工业陶瓷生产，无法与洋瓷竞争。清代晚期开始的洋务运动中，景德镇也开始兴办了瓷业公司，湖南醴陵更是引进国外的先进设备和人才，唐山和河北邯郸等地的制瓷业也相继发展，到民国早期，中国陶瓷开始苏醒，逐渐与世界接轨，至日本侵华的前一年，中国陶瓷曾经创下了历史上最高的年产量。

1937年日本帝国主义发动对中国的侵略战争，占领中国广大的土地，在战争动乱中，刚刚开始与世界接轨的中国陶瓷事业，遭到严重的破坏。闻名世界的"瓷都"景德镇，虽然没有被日本帝国主义占领，但是却遭到日本飞机的轰炸，30多座窑炉被炸毁，绝大部分窑厂被迫停产。瓷器产量由抗战前的199548000件，衰退到只有300万件。"陶都"宜兴在1942年被日本占领，陶瓷工人为躲避战祸，纷纷逃避他乡，窑厂被破坏，陶瓷生产一落千丈。宜兴素以紫砂工艺闻名中外，历史上最繁荣的时期，从事紫砂生产的工匠多达上千人，到新中国成立前期只剩下二十几人了。另外几个著名的陶瓷产区如河北唐山、广东石湾、福建德化等地，也都受到不同程度的摧残，整个中国的陶瓷生产处于奄奄一息的最艰难时期。

二、新中国成立后前三十年的发展

1949年新中国成立在历史上享有盛誉的中国陶瓷，从屡遭摧残濒于灭亡中重逢甘雨，开始恢复和发展生产，书写出中国陶瓷发展史崭新的一页。

1. 恢复的开始

新中国成立之后，在陶瓷生产方面，党和政府首先克服重重困难，逐步恢复各地的陶瓷厂和作坊，使倒闭了的陶瓷厂和作坊，重新开始生产。国家对失业的工人进行救济，并组织个体户生产自救，同时对私营陶瓷厂发放低息贷款，帮助他们恢复生产，而且疏通供销环节，使生产发展得到初步保证。

在恢复陶瓷生产的一开始，党和政府首先关心陶瓷工人的生活，千方百计召回流散各处的技术工人，并且从长远考虑，让他们带徒弟传授技艺，使优秀的陶瓷技艺传承下去，为以后的发展打下良好的基础。

随着新中国成立后生产的恢复和生活的安定，人民生活逐步改善，对陶瓷的需要量越来越大，更促进了陶瓷生产恢复和发展的速度。当时恢复得较快的地区有景德镇、宜兴、醴陵、唐山、石湾等地，陶瓷产品的质量和数量不断刷新。

中华人民共和国成立不久，时任政务院副总理兼中央文化教育委员会主任的郭沫若，向中央人民政府提出了组织建国瓷生产的建议。1950年由轻工业部科学研究和美术设计等方面的专家成立建国瓷设计委员会，郑振铎任主任委员，江丰和张仃任副主任委员，中央美术学院实用美术系担任设计工作，以景德镇为主，同时包括湖南醴陵和江苏宜兴等重要陶瓷产地负责制作，完成了批量新产品的试制。

江苏现代贴花八仙坛

江苏现代贴花龙纹坛

建国瓷的设计制作工作自1952年开始，到1954年9月结束，完成了73556件产品。这次工作的重要意义在于有计划有目标地恢复并发展了中国的传统陶瓷技艺，有组织地协同各方人员共同参加工作，发挥了各方面专家的才能和专长。在研究和发掘传统技艺方面，用科学的方法实验分析，并从理论上加以总结，恢复了部分传统陶瓷的优秀品种。与此同时，在湖南醴陵和江苏宜兴，就各地著名的产品进行了研究改进，醴陵的釉下五彩和宜兴的紫砂器，都有了较大的发展。

以建国瓷为起端，在全国范围内，恢复历史名窑的工作相继开展。1955年10月，在第一次全国日用陶瓷会议上，提出了"发展祖国文化遗产"和"多点发展、百花齐放"的方针，对恢复和发展我国历史名窑的传统产品作了具体安排。从1956年开始，先后组织陶瓷考古、科技、美术等方面的专家，对历史上的名窑进行了重点调查研究工作。其中有浙江龙泉窑、河南钧窑、汝窑、河北磁州窑、定窑、福建德化窑、建窑、陕西耀州窑等。

在考古发掘的基础上，结合传世的文物作品，相互对照研究，进行理化分析、工艺试验，并对传统的造型装饰整理和研讨，掌握了历史名窑的传统技术，继承了名窑瓷器优秀的艺术风格。许多历史名窑相继重放异彩。

浙江龙泉窑在宋代辉煌一时，粉青、梅子青釉闻名海内外，元代更是畅销国内外，明代早期还专门为宫廷烧造贡瓷，到清代早期则逐渐衰败。1959年后，浙江省轻工业部门的科技人员与考古、美术等方面的专业人员合作，对龙泉古窑址进行发掘、考察和研究，掌握了龙泉青瓷的烧造技术，把已经失传的优秀制瓷技艺又得到发掘和恢复，使已经停烧失传近300年的龙泉青瓷又重新烧造出来。龙泉青瓷的恢复，不仅重新烧造出青釉瓷，而且还烧出了素以紫口铁足金丝铁线闻名的哥窑瓷。在造型和装饰方面从最初单纯的仿宋代龙泉窑作品，逐渐发展到继承传统风格的创新，并结合现代生活需要，设计出许多形式美观的餐具、文具和陈设陶瓷器具，龙泉青瓷以崭新的面貌进入到现代生活中，并远销到世界许多国家和地区。河北磁州窑的恢复是从 20 世纪 50 年代中期开始的，故宫博物院的专家对磁州窑进行了多次考察，中央工艺美术学院师生在学习古代磁州窑的基础上，同时做了研究和试制工作，首先对磁州窑的造型和装饰深入分析和临摹。邯郸陶瓷研究所专门成立了仿宋磁车间，经过一段时间的努力，仿制出白化妆土刻花，黑釉刻花，白化妆土画黑花，黑釉铁锈花等品种，初步具有宋磁州窑的风采，受到国内外人士的欢迎。到 20 世纪 70 年代中期，在邯郸陶瓷研究所仿宋磁车间的基础上，建立了邯郸美术陶瓷厂，生产磁州窑传统优秀产品的仿制品，也生产继承优秀传统的创新产品。

陕西现代铁锈花鱼藻纹缸

河南钧窑的恢复是从 1955 年开始的，由禹县神垕镇第一陶瓷生产合作社开始恢复钧窑的生产，1957 年成立中国钧瓷厂，从科学研究和试制入手，解决釉料的成分和烧成问题，取得了较好的成绩。到改革开放以前，已经恢复了传统的窑变花釉、玫瑰红、海棠红、茄皮紫、紫砂红等釉色，另外还研制出天青、月白等 10 余种颜色釉。钧窑的新产品，在国际市场受到欢迎，也为国内收藏爱好者珍视。

陕西耀州窑的恢复在 1959 年得到陕西考古研究所的协助，通过考古发掘认识其特点和创作方法。1974 年陈炉陶瓷厂和陕西省轻工研究所协同恢复耀州窑。经过研究和试制，配制出近似宋代耀州窑的釉料，烧造出新的耀州窑瓷器。

新中国成立后，到 1979 年为止，相继恢复生产的名窑还有河北定窑、河南汝窑、福建德化窑和建窑等。这些窑的生产在继承传统陶瓷技术和艺术的基础上，充分发挥各地区原材料的特点，研制出新的品种，为以后中国陶瓷发展开辟了道路。

2. 发展的起步

经过新中国成立初期的几年恢复，中国陶瓷又开始了新的发展，虽然中间由于种种原因的影响，曾经出现过停顿和倒退，但是整个趋势是在前进的。

从新中国成立到 1957 年，在恢复中的发展，速度是相当可观的。1950 年全国日用陶瓷年产量为 2.7 亿件，到 1957 年增长到 20.2 亿件，7 年之间增长了 6.5 倍，平均年递增 33%。

1958 年后，由于"大跃进""三年自然灾害"及后来的"文革"都使陶瓷生产受到影响，其间产量有下降也有回升。粉碎"四人帮"之后，陶瓷生产开始稳步发展。从 1977 年到 1982 年期间，出现了平稳上升的局面。1982 年全国日用陶瓷年产量达到 38.6 亿件，比 1976 年增长了 29.5%，平均年递增 4.4%。

从第一个五年计划开始，国家先后投资新建了一批日用陶瓷厂。到 1979 年，估计全国新建的陶瓷企业在 100 家以上。既有原来生产陶瓷地区新建的陶瓷厂，又有在原来没有陶瓷生产却急

20 世纪 50 年代邯郸仿磁州窑的
试验品

广东现代青花山水人物纹盖罐

需陶瓷的地方建设的陶瓷厂，其中包括边远省份和地区也新建了陶瓷厂，以满足当地人民对陶瓷的生活需要。这些新建的陶瓷厂比较著名的有：

江西：景德镇的建国瓷厂、宇宙瓷厂、为民瓷厂、艺术瓷厂、雕塑瓷厂、华丰瓷厂等。

湖南：长沙建湘瓷厂、醴陵国光瓷厂、永胜瓷厂等。

广东：湛江红星瓷厂、电白瓷厂等。

福建：德化新建瓷厂、厦门瓷厂、闽清瓷厂等。

浙江：杭州瓷厂、绍兴瓷厂、宁波瓷厂、兰溪瓷厂、衢州瓷厂、上虞瓷厂等。

江苏：苏州日用瓷厂、无锡利民瓷厂、江阴瓷厂、常州瓷厂、镇江瓷厂等。

山东：淄博瓷厂、淄博美术陶瓷厂、洪山陶瓷厂等。

河北：唐山第二瓷厂、宣化的第一瓷厂、第二瓷厂、第三瓷厂等。

山西：太原瓷厂、雁北地区瓷厂等。

河南：郑州瓷厂等。

内蒙古：包头瓷厂等。

甘肃：山丹瓷厂等。

青海：大通瓷厂等。

新建陶瓷厂的分布几乎遍及全国各省、自治区，这些新建的陶瓷厂注意发挥每个地区的原料和燃料的优势，又考虑到了每个地区的需要。

四川现代刻花荷花纹手炉

除国家投资新建陶瓷厂之外，地方也根据当地的原料资源和发展陶瓷生产的可能性，建设了许多规模比较小的陶瓷厂。特别是 20 世纪 70 年代以后乡镇企业的发展，在有条件的地方又新建了许多小陶瓷厂，遍布南北各地。陶瓷生产呈现出蒸蒸日上的新气象。

我国陶瓷厂的分布，大多数分散在各省、自治区内的城乡，同时又有几个比较集中的地区，许多陶瓷厂都集中在一起，形成了陶瓷产区。全国比较大的著名产区有：江西景德镇、湖南醴陵、江苏宜兴、广东石湾、枫溪、山东淄博、河北唐山、邯郸、福建德化等。

陶瓷工厂集中形成的几个大产区都设有陶瓷公司，统一部署

1972 年河北邯郸产花釉挂盘

1979 年山东淄博产花釉挂盘

20 世纪 80 年代宜阳峪陶瓷厂
生产的绞胎挂盘

和领导各陶瓷厂的生产。为了推动陶瓷生产的发展，提高产品的产量和质量，解决科学技术方面的问题，各产区都设有陶瓷研究所，从科学技术和美术设计等各个方面开展科学研究活动，把研究成果提供给陶瓷厂，用于生产中。20 世纪 70 年代中期以后，由于陶瓷生产迅速发展，科学研究工作的作用更为重要，因而在许多规模较大的陶瓷工厂中，也成立了厂属的陶瓷研究所。另外还有些省份的轻工业局科学研究所内，设有陶瓷研究室。

陶瓷研究所在陶瓷发展中起着重要的作用。发掘和总结我国传统陶瓷技艺，用科学方法研究并加以继承和发扬，是一项很重要的工作。开发和利用当地的原材料，改进坯和釉的配方，引进先进的生产技术，寻求和创立适合于当地材料和工艺的产品风格等，许多方面工作都是由各地的陶瓷研究所完成的。例如：湖南醴陵陶瓷研究所制成金水，并试制出过去所没有的几种釉下五彩颜料。山东淄博硅酸盐研究所试制出高长石质瓷、高石英质瓷、滑石瓷。河北唐山陶瓷研究所对骨灰瓷、腐蚀金装饰和铁红结晶釉的。河北邯郸陶瓷研究所对磁州窑的恢复和创新，取得了较大的成就。

陶瓷科学研究的成果，为我国陶瓷事业的振兴奠定了基础，开创了新路。

30年来，陶瓷工业生产有长足的进步，这是和技术革新改造分不开的。

烧造陶瓷在我国历史上南方瓷区大部分都是用柴作燃料，大量的烧窑，不仅柴供应困难，而且不利于绿化，容易破坏环境的生态平衡。1957年开始推行改柴烧为煤烧，到1959年基本完成，仅保留个别烧高级颜色釉的窑仍用柴作燃料。另外，还把过去比较落后的间歇式窑改为连续式的隧道窑，并在节能和回收余热方面，也有较大收获，能源消耗量不断下降。

从原料加工粉碎到制备成型用料，基本上实现了机械化。成型工艺不断改进，20世纪50年代末期以来，绝大部分瓷厂都采用滚压成型，并且形成了成型干燥在一起的自动流水线，缩短了生产周期，也减轻了工人的劳动强度。注浆成型工艺设备改进使用压力注浆机和离心注浆机，使产品质量得到较大提高。

3. 继承与创新

新中国成立之后短短的五六年时间，陶瓷生产初步得到恢复。1955年在北京举办了第一次全国陶瓷展览会。虽然有很多地区

湖北现代民间黄釉人物纹坛

的陶瓷没有来得及参加展览，或是送来参加展览的作品只是些装饰品，忽略了日用陶瓷，但是仍然使人们看到了各地区丰富多彩的具有地方风格的陶瓷展品。这个展览不仅使我们看到了新中国陶瓷在恢复中取得的成绩，同时也改变了当时人们只知道景德镇瓷器和宜兴陶器的概念，看到了祖国陶瓷百花园中孕育着一片生机。

在这次展览会上展出作品的地区，有许多是人们所不熟悉的，也有早已是闻名遐迩的，其中有：吉林的延边，河北的唐山、宣化、邯郸，河南的禹县、登封，山西的浑源、雁北、阳城、大仁，陕西的铜川，甘肃的山丹、永昌，新疆的乌鲁木齐，四川的甘孜、犍为、威远、江津、江安、重庆、荣昌、秀山、峨嵋、忠县、乐山，贵州的兴义、黔西，云南的建水、龙陵，湖南的醴陵、新化、洪江，湖北的汉川、宜昌，江西的景德镇、萍乡、零都，福建的德化、长乐，广东的南海、石湾、潮州、枫溪、大埔、饶平，广西的宾阳等地区的陶瓷产品。

这次参加展览的展品都是在新中国成立后的五六年中烧造的，反映了当时陶瓷技术和艺术水平，可以看出当时全国陶瓷的大致轮廓，为以后的陶瓷发展奠定了基础，这次展览的意义十分深远。此次展览的精品，原来均收藏在北京故宫博物院，后来移交给上海博物馆收藏。

　　在这次展览会上，展出了景德镇的色釉新品。红釉的烧成是用科学的方法和老艺人的传统技巧结合。釉里红的作品达到了乾隆时代的水平；青瓷作品豆青釉和东青釉瓷器也相当漂亮；乌金釉、鳝鱼黄、茶叶末等色釉也获得了成功。彩绘艺术瓷器也出现了不少优秀的作品。釉下彩绘以王步的青花釉里红最为著名，他的落花飞燕缸和鳜鱼水草画盘，发展了传统釉下彩绘的技法，具有较高的艺术性。釉上彩以刘雨岑的粉彩花卉瓶和碧桃画盘最吸引观众，技法熟练，充满新意。这都充分显示了景德镇彩绘艺术的潜力。

湖北黄釉刻花寿字纹提梁壶

湖北现代花鸟纹坛

广东潮州、大埔的日用陶瓷、茶具、餐具等注重实用性的同时，装饰也独具风格。瓷质比较细，胎体也比较薄。

新疆现代民间三彩几何纹果盘

广东石湾陶器的颜色釉得到恢复，陶塑人物和动物题材的作品都很精彩。著名陶塑艺人刘传和区乾的作品尤为突出。刘传创作的古代人物陶塑像屈原、僧一行、李时珍，造型生动，形象刻画准确，至今仍然是难得的好作品。区乾的陶塑结合实用，"莲鸭洗"和"鸽碧瓶"都比较成功。陶塑"八哥"和"鹌鹑"，以写实手法表现，用素胎与釉面的配合，有比较好的艺术效果。石湾的器皿鱼篓尊、莲花洗、木棉花盘等，以模拟自然的方法构成造型，手法简洁概括。

江苏宜兴的紫砂茶具和花盆，安徽界首的刻花陶罐，河北邯郸的仿宋瓷，山西浑源的黑釉陶罐，四川荣昌的刻花陶器，以及南北方许多地方的民间青花，都以自己鲜明的地方风格，展示出更进一步发

新疆现代绿釉净水壶

展和提高的可能性。

在第一次全国陶瓷展览之后，相隔24年之久，于1979年的春天，在上海举办了第二次全国陶瓷艺术展览，这次展览汇集了全国各个主要陶瓷产区的优秀作品，展出盛况空前。与第一次全国陶瓷展览的展品相比较，有很大的变化。展览规模大，展品数量多，参展的地区普遍，展品的种类丰富，显示出中国陶瓷新发展的盛况。

展品中不仅有我国历史上著名的传统名窑的新作，还有大量新创制的产品，琳琅满目，百花争艳。

景德镇素以传统优秀名瓷独占鳌头，这次展出的作品中更加精益求精。彩绘瓷器青花、斗彩、古彩、粉彩、新彩都不同程度上出现了新面貌，所表现的内容有传统题材的，也有现代题材的。继承传统基础上的创新，已成为共同努力的目标。颜色釉在历史上只用来装饰器物表面，表现本身的光泽、色彩和自然生成的纹理。但是在这次展览中的"金色桂林"确是用颜色釉表现具象的景物，色彩变化自然得体，笔墨淋漓。薄胎瓷器是景德镇传统工艺中的一朵奇葩，用薄胎瓷制成的灯具及粉彩紫藤皮灯，制作和彩绘都极为精致，胎薄不超过一毫米，点亮灯后，光线柔和，纹饰清晰，是一般玻璃灯罩所无法比拟的。

湖南醴陵的釉下五彩瓷器，胎质洁白细腻，釉面光润晶莹，在全国各地的白瓷中首屈一指。优质的制瓷原料是重要的条件，但工艺技术的提高和精益求精的加工制作是决定性的因素。醴陵的茶具、餐具等日用陶瓷最为广大人民所喜爱，在洁净玉润的白瓷上，描绘色调柔和的釉下五彩装饰，愈显娇而不媚，华而不俗，成为醴陵瓷器的特点。釉下五彩的美术陶瓷、花瓶、挂盘的装饰更讲求艺术效果，山水、花鸟等装饰显示出作者在绘瓷艺术上的造诣。

山东淄博的展品以其创新的精神，给人们留下了深刻的印象。开发和利用当地的原材料，研究新材质的造型和装饰风格，成为他们的主要任务，并集中人力和物力，把主要精力放在创新设计上，取得了显著的成绩。淄博的滑石瓷和焦宝石瓷，以崭新的面貌出现在展览会中，引起了广大观众和专业人员的注意。滑石瓷和焦宝石瓷的茶具、餐具等日用陶瓷最受欢迎，因为在造型和装饰方面根据现代生活需要和审美爱好的发展，创造出新颖的风格，适合人们的日常生活要求。另外，淄博的刻瓷艺术在全国居于领先地位，古朴素雅又富有金石趣味的刻瓷得到很高的评价。

湖南现代绿釉印花花瓷

湖南现代绿釉刻花草纹盖罐

河北邯郸的艺术陶瓷令观众流连忘返，传统的磁州窑刻划花、铁锈花又以新的形式出现在作品中；花釉陶瓷有陈设器皿、挂盘、壁饰和雕塑，造型和釉色结合相得益彰，更加强了表现力。

　　江苏宜兴的"五朵金花"——紫砂、青瓷、钧陶、彩釉陶、精陶各显风姿。紫砂新作不失传统风格，同时又运用了现代设计

云南现代绿釉陶哨

贵州现代黄釉驴形陶哨

贵州现代灰白釉刻花填彩
双系盖罐

的法则，使人感到新颖而又耐看。茶壶和花盆的品种更加繁多。青瓷是宜兴在 20 世纪 60 年代初创烧的新品种，继承传统青瓷的风格，同时注意与实用结合，茶具、酒具、文具是主要品种，陈设性的花瓶一类青瓷，造型方面有所创新。钧陶和彩釉陶更注重创新，瓶、罐、尊、盘造型种类比较多，釉色凝重深沉，特别是蓝钧釉色更富有特色。

在这次展览中还应该特别提到的是，出现了许多新的产地和新的品种。黑龙江绥陵的黑陶刻花镂空陈设器很有特点，不同于中国传统的黑陶，用斜刀切刻的方法形成凹陷深度较大的花纹，结合压线和戳印，组织在一起，层次丰富，别具一格。贵州的陈设陶器，吸收当地少数民族的装饰艺术，融汇在陶器造型和装饰中，造型单纯简朴，多为瓶罐之类，装饰纹样用浮雕刻划处理，与造型结合得比较紧密。上面所说的这两个地方的陶瓷，原来的基础比较差，他们没有生硬地照搬别人的经验，而是因地制宜，根据自己的条件，创造出了有自己风格特点的作品。

通过两次全国陶瓷展览，可以看到新中国成立之后陶瓷发展的状况，尤其是在 1979 年的全国陶瓷艺术展览上，有许多新的发展和创造，比较突出的有以下几个方面：

（1）宜兴紫砂继承传统的创新

紫砂工艺有悠久的历史和优秀的传统，这本身就意味着创新的起点高，难度也大。况且紫砂工艺要求在技术方面有较长时间的磨炼，才会有一定的功底，否则创新就无从谈起。为了发扬紫砂工艺的优秀传统，创造出优秀的紫砂新作品，繁荣紫砂的生产，早在 1955 年到 1956 年，宜兴紫砂工艺厂先后两次共招收了 61 名有文化的青年艺徒，着手培养新一代的紫砂工艺人才。1958 年又招收青年徒工 300 多名，在老艺人的指导下进行紫砂工艺技术培训。之后又从青年艺徒中选拔优秀者，送到中央工艺美术学院陶瓷艺术系和南京艺术学院工艺系进修深造。正是这一批人，几年以后成为紫砂工艺生产的骨干力量。经过生产的磨炼，工艺技术不断提高，掌握了传统紫砂的造型特点和领悟传统造型的设计方法。

1975 年中央工艺美术学院陶瓷美术系在宜兴开办训练班，他们又学习了设计理论及方法，成为熟练掌握工艺技术的设计人员，后来又成为工艺师。宜兴紫砂的发展首先是由于在人才培养方面有长远打算，才会有今天的繁荣。可以说在有优秀传统的陶瓷种类中，能够很好地继承，并且还能继续发扬，使创新的作品达到比较高的水平，在全国各陶瓷产区中，宜兴是极为突出的。因为宜兴紫砂工艺首先没有丢掉传统，继承了传统的精华，同时又没有停留在传统上，而是继续发展创新，取得了显著的成绩，出了人才，出了作品，在世界上为中国争得了荣誉，许多国际友人把紫砂视为珍贵的艺术品。

老一辈的紫砂艺人朱可心、顾景舟、蒋蓉，在培养艺徒方面作出了重要贡献，并且创作出了优秀的作品，丰富了紫砂工艺的宝库，这些作品也影响了下一代的作风。还有已故的著名艺人裴石民、王寅春、吴云根等，也都曾为紫砂工艺的发展起过较重要的作用。顾景舟的提壁茶具，朱可心的报春茶壶，都可与历史上紫砂名作相媲美。

20世纪50年代培养的青年艺徒，如今有不少优秀者已成为紫砂工艺师。30多年对传统紫砂的学习和研究，并掌握了现代的设计理论，更有利于他们深入地认识传统，创作设计出具有传统风格的新作品。他们正处在创作旺盛时期，而且是比较成熟的一批优秀的紫砂工艺师。如徐汉棠、高海庚、李昌洪、吕尧臣、汪寅仙、沈巨华、何道洪、徐秀棠、李碧芳等。另外还有一批助理工艺师，如周桂珍、谢曼伦、顾绍培、何挺初、曹婉芬等。年轻一代中的吴群祥、江建祥、葛陶中、徐维明等也都是初露锋芒的能工巧匠。宜兴紫砂工艺人才培养形成了层次，一批批相接而不断，近年来新作近千件，潜力是非常大的。

1982年的9月在北京故宫端门举办了宜兴紫砂专题展览，展品500多件，以中年作者为主，同时还展出了老一代名家作品和青年一代的新作，博得了首都各界人士的一致好评，专家们共同认为，我国紫砂工艺在继承传统创新方面，为其他品种的陶瓷提供了宝贵的经验。

（2）磁州窑花釉的研制和传播

磁州窑的黑釉陶瓷是传统产品，它是利用当地的黄土釉烧成的。为了增加装饰效果，宋代时便采用画铁锈花或淋斑花石的方法，增加黑釉表面的变化。长期以来，黑釉一直这样延续下来。

在20世纪60年代初期，中央工艺美术学院的毕业生李允忠志愿到邯郸陶瓷研究所工作，着手试验颜色釉装饰。他利用当地传统的黑釉为底釉，在上面覆盖同一温度的现代色釉，结果出现了底釉冲开了表面的色釉，形成混合和化合的现象，釉子表面最后呈现上下两种颜色构成的纹理，变化万千，独具美感。他又进一步研究，用各种色釉试验，使用几种色釉叠加，在黑釉上出现许多种色彩变化、瑰丽异常的花釉。

花釉笔筒
1971年李允忠设计造型，杨静荣配釉

开始阶段是把这种尚不能控制变化的花釉，用在日用器皿造型或陶瓷雕塑上，随其自然流动，出现很优美的艺术效果。之后便在挂盘上刻线，作为控制花釉流动的主要方法，使之构成简单的图案形象，用来表现具有规定性的形象。随着认识的加深，逐渐能更好地应用在陶砖上，采取涂、点喷等各种方法，结合刻线、立粉增强花釉对形象的表现力，制作大型壁画获得成功，为我国壁画发展提供了比较好的工艺材料。

邯郸花釉研制成功后，在国内产生了较大的影响，南北方的一些陶瓷厂，相继模仿花釉的装饰效果，结合当地材料的特点，研制出与邯郸花釉相近似的颜色釉，也都称为花釉。由于各地的坯料不同，釉料的配置方法也有差异，烧成条件也不相同，所以

花釉竹节壶
1971年李允忠造型设计，杨静荣配釉

色彩和光泽都有各自的特点。山东淄博的花釉光亮明快。湖北宜昌的花釉深沉厚重。江苏宜兴的花釉艳丽多彩。除此之外，还有很多地区也相继配制出花釉来，在国内已经成为一种比较普遍应用的装饰釉，形成现代的花釉系统，丰富了美术陶瓷的表现能力和装饰手段。

此外值得一提的是魏之骝先生发明的色泥刻划花技法，魏先生曾任邯郸陶瓷研究所所长，也是中央工艺美术学院陶瓷系的毕业生，长期致力于磁州窑的恢复和发展，在继承磁州窑技法传统的同时，努力创新，采用现代陶瓷颜料，结合传统磁州窑刻花、划花、剔花、刻填等技法，烧制出色彩斑斓的色泥刻花作品。魏先生英年早逝，可惜的是，他的色泥刻花技法竟然后继无人，实为憾事，望有志陶瓷艺术工作者能使其重放光芒。

（3）炻器的开发和设计

在陶瓷生产领域里，有的地区的原料不能烧制出呈半透明状态的白瓷，所以在生产中只能依赖从其他地区购买原料的办法，不仅给生产带来很多麻烦，而且增加了产品的成本。山东淄博在20世纪60年代时，生产瓷器所用原料一直依赖山西的大同砂石和湖南的界牌瓷土。为了更好地发

色泥刻画花鸟纹尊
1971年魏之骐刻画，杨静荣配釉

展陶瓷生产，充分开发和利用当地的原料资源，1972年山东淄博陶瓷公司所属瓷厂，用当地蕴藏量极为丰富的"焦宝石"研制成功所谓焦宝石瓷，或称色瓷，实际就是一种炻器。

炻器是外来的名词，把既具有一定瓷器特点，又保持着陶器的某些特性，胎体致密接近于瓷器，但又不透明的制品统称为炻器。炻器的色调除近似于白瓷偏灰色之外，一般都有明确的颜色倾向。山东淄博的炻器有灰黄色、浅棕黄色和灰白色等几种，色调柔和，质地坚实。

淄博陶瓷公司对新材料开发研制后的设计工作极为重视，集

中造型和装饰设计人员研讨，开展设计创新活动。他们首先研究国外炻器样品在设计方面的特点，认识炻器造型和装饰独特的风格，并从传统的青铜器、紫砂器和现代的工业品造型中吸取营养，结合焦宝石瓷质的特点，逐步探索形成了淄博炻器造型和装饰的风格。

淄博炻器主要用来制作日用陶瓷中的茶具、咖啡具、餐具等器皿，造型简洁挺拔，轮廓明确，以几何线形为主，具有现代工艺品造型的特点；装饰以图案性强或几何纹样为主，强调线和面的对比关系以及色彩的对比；用丝网印贴花纸工艺，使纹样效果更加突出；并且特别重视造型与装饰的结合，因而出现了一批风格新颖，美观大方的炻器产品，受到国内外的欢迎。

淄博炻器研制设计获得成功，为我国陶瓷生产开辟了一条新的道路，即充分利用和发挥本地原料资源，因地制宜，量材设计，创造出新的风格来。在生产和设计观念上进行的这次改革，还影响到其他地区，其后在湖南、广西、河南、广东等地，也相继研制生产出不同材料和不同风格的炻器产品，有的在这一基础上更进一步发展。炻器材料的开发利用，设计方面的探索创新，是我国现代日用陶瓷发展又一个良好的开端。

4. 陶瓷教育的发展

中国陶瓷悠久的历史是由能工巧匠们完成的。几千年来陶瓷技艺师徒承传，没有专门的学校培养人才。在新中国成立之前，陶瓷界的有志之士虽然曾经办过瓷业学校，但也多是因为困难重重半途而废。如湖南醴陵在清末时创办过瓷业学校，而且还请了日本技师任教，但是不久就因为动乱而停顿。再如景德镇也在民国时有人欲创办瓷业学校，但是因为怕遭到因循守旧的匠人的反对，只好选址在远离景德镇的地方。旧中国学习陶瓷专业的人，有许多是到国外的陶瓷专业学校完成学业的，实在令瓷器发明之国的人士"独怆然而涕下"。

新中国成立之后，党和人民政府重视陶瓷科学技术和美术设计人员的培养，先后在理工科大学办起了有关陶瓷科技的专业。中央美术学院实用美术系开办陶瓷科，其他各地美术院校也相继在实用美术系增设陶瓷专业。1956年中央工艺美术学院成立，陶瓷美术系成为一个独立的专业，专门培养设计人才。

20世纪50年代中期，景德镇陶瓷学院成立，这是我国有史以来的第一所高等陶瓷专业学校，开设了陶瓷工艺、陶瓷机械和美术设计三个专业，多年来培养了大量的人才。

据目前不完全统计，在高等理工科院校中设有硅酸盐专业或陶瓷专业的有：华南工学院、南京化工学院、清华大学、天津大学、浙江大学、北京工业大学、西北轻工业学院、山东轻工业学院、齐齐哈尔轻工业学院等。

在高等艺术院校中开设陶瓷美术专业的有：福建工艺美术学校、山东轻工美术学校、河北轻工美术学校、江苏轻工美术学校等。

在我国陶瓷生产比较集中的地区，还开设有中等陶瓷学校，如江西、湖南、广东、江苏、河北等省，现有十几所陶瓷中等专业学校和中等技术学校。

景德镇陶瓷职工大学是20世纪70年代以后开办起来的，面向陶瓷厂招生，培养在职人员成为具有大专水平的科学技术或美术设计人才。

除去高等和中等学校正式的陶瓷专业教育之外，有关的陶瓷专业院校科系，每年还开展在职人员的专业培训，采取进修班、短训班等多种形式，为陶瓷工厂和研究所培养了一大批从事陶瓷科技或设计的人才。

新中国成立 30 年来的陶瓷教育的开展，在国内培养了一大批专业人才，对我国今后陶瓷事业的发展，必将起到重要的作用。

三、近三十年的陶瓷事业

从 1979 年以后，尤其是进入 20 世纪 90 年代以后，随着改革开放的深入发展，中国的陶瓷生产发生许多变化。长期的计划经济时代，随着改革的深入，经历了阵痛之后，逐步向市场经济发展。在风云变化的改革大潮中，中国陶瓷开始重振雄威和世界陶瓷接轨。有几件大事值得一提：

1. 国家领导体制的改革

中国轻工业部的陶瓷处在 1989 年以前，是领导全国陶瓷工业的政府机构，1989 年以后，改为"中国陶瓷工业协会"。这不是简单的名称改革，而是适应当前我国陶瓷生产的实际情况，由计划经济转为市场经济、由领导型改为服务型的较为彻底的改革。

目前的中国陶瓷工业协会是中国陶瓷行业唯一的行业组织，是经中华人民共和国民政部批准注册登记的，是由全国跨地区、跨部门和不分所有制的从事陶瓷行业及相关产品的生产、设计、科研、教育、贸易、收藏等的企业、事业单位、院校、地方社团组织及职业陶艺家、科技工作者、企业家等团体和个人会员自愿组成的非营利性、行业性社会团体。

主管部门：

中国陶瓷工业协会的业务主管部门为国有资产管理委员会。

中国陶瓷工业协会在中国轻工联合会的指导下，负责全国陶瓷行业的管理工作。协会成立于 1989 年 9 月，目前有团体会员

700 多家，职工人数近 40 万人。

下设机构：

中国陶瓷工业协会下设人才培训、经济技术信息、节能技术、咨询服务、陶瓷美术设计五个工作委员会和建筑卫生陶瓷、陈设艺术陶瓷、陶瓷原料及辅助材料、装饰材料、技术陶瓷、陶瓷技术装备等六个专业委员会。

主办刊物：

协会主办《中国陶瓷工业》杂志（国内外公开发行）和《中国陶瓷信息》报，均对会员赠阅。

协会宗旨：

中国陶瓷工业协会在国家宪法、法律法规及各项政策指引下，发挥政府和企业之间的桥梁和纽带作用，以维护本行业的合法权益，为行业服务，促进行业健康发展为宗旨。

作为全国陶瓷行业的重要核心，中国陶瓷工业协会在制订行业规划及行规行约，开展对行业基础资料的调查、收集、整理和统计、研究行业发展方向，进行技术培训、举办专业展览、提供信息服务、推广科技成果等活动中开展卓有成效的工作。同时，中国陶瓷工业协会还承担着政府委托的行业管理职能。

中国陶瓷工业协会一贯积极开展国际交流与合作，不断加强与国际陶瓷同行之间的联系与交往，致力于促进陶瓷行业的技术进步、扩大贸易往来，并且在这一领域中发挥着日益重要的作用。

中国陶瓷工业协会将不断为中国陶瓷工业的繁荣与进步贡献力量。

2. 仿古陶瓷的大量生产

中国陶瓷史上，清晚期到民国早期，曾经是仿古陶瓷大量生产的第一次高潮。新中国成立后恢复历史名窑的生产都是在国营体制下运营的，其目的与当年督陶官唐英在景德镇官窑恢复历史名窑生产的目的一样，均是为了继承优秀传统，创烧出更多的新品种。其中有成功的，也有不太成功的。景德镇和磁州窑均是十分成功的典范。其他多数恢复的历史名窑，因为市场杠杆因素的制约，在完成科研成果后，大多束之高阁。如龙山黑陶的恢复，早在 20 世纪 60 年代，就已经在上海硅酸盐研究所的实验室中完成，再如北宋官窑的仿制品，由上海硅酸盐研究所和河南开封的陶瓷工作者在 20 世纪 70 年代完成，而且非常精美，还有龙泉窑的梅子青釉，也是在 20 世纪由上海硅酸盐研究所在实验室仿制成功的，另外景德镇陶瓷研究所早在 20 世纪 70 年代就研究出元青花和永乐、宣德青花料的理想配方。但是即使在计划经济时代，市场需要和经济效益也是要考虑的重要因素，所以这些成果在当时的条件下，只能束之高阁。进入改革开放的新时代以后，形势发生剧烈变化，如景德镇许多国有企业纷纷转制，许多工人下岗，个体窑炉鳞次栉比，现在已经多达数千处，多数都在烧制仿古瓷器，小巧节能而成本低廉的煤气窑为这些人提供了工艺基础，而从小就在拉坯、彩绘、烧窑环境中耳濡目染长大的景德镇陶工子弟，更是个个身怀制陶绝技的行家里手，下岗对他们不是坏事，市场经济的杠杆和号称有 7000 万的收藏大军为他们提供了一展身手的广阔天地。高仿、中仿、低仿、青花、彩瓷、颜色釉、古代的官窑、现代的"文革"瓷及珠山八友等大师名作，应有尽有，使景德镇成为最大的仿古瓷器生产基地。除景德镇外，其他地区也有仿古陶瓷生产，比较著名的有：

（1）河南神垕、临汝、宝丰、洛阳等地，主要品种是钧窑、汝窑、当阳峪窑、花釉、唐三彩、汉唐陶器。

（2）内蒙古赤峰，主要品种是辽三彩和辽白瓷器。

（3）河北邯郸，曲阳地区，主要品种是磁州窑和定窑瓷器。

（4）福建德化、建阳等地区，主要品种是青白瓷器、宋代建盏、龙泉窑青瓷。

（5）浙江上虞等地区，主要品种是六朝青瓷。

（6）江西吉安等地区，主要品种是吉州窑和六朝青瓷。

（7）陕西铜川地区，主要品种是耀州窑青瓷。

（8）江苏地区，主要品种是六朝青瓷和汉代陶俑。

（9）山东地区，主要品种是龙山黑陶和大汶口白陶。

此外，甘肃地区有仿新石器时代彩陶的，云南地区有仿云南明初青花的，醴陵有仿民国釉下五彩的，广东地区有仿越窑青瓷、青花和青白瓷的，台湾地区有仿青花和釉里红的。

仿古瓷器的大量生产，说不上好事，也说不上坏事，只是特定历史中的一种现象和事实，就像民国时期仿古瓷器盛行一样，没有必要大惊小怪，浙江和福建地区在改革开放初期曾经盛行服装、鞋帽的假冒产品，但是经过一段时间的资本积累后，很快就有了自己的品牌产品。陶瓷行业也是如此，在景德镇最早做仿古瓷器的几个人，有的现在已经成为股份集团的老总，也开始打出自己的品牌。正可谓"旧时王谢堂前燕，飞入寻常百姓家"。相信在不远的将来，会出现更多的陶瓷企业家。

3. 汉光瓷的辉煌

1989 年，中央工艺美术学院毕业的陶瓷艺术家李游宇以访问学者身份赴日本大阪艺术大学交流、讲学。作为中国陶瓷专业的青年学者，无论走到哪里，他都受到日本同行的尊敬。他在讲中国陶瓷的辉煌历史时，也是慷慨激昂，底气十足；但每当讲到现代陶瓷部分，他心里就不免发憷，深感汗颜。迄今为止，世界各大拍卖行瓷器拍卖创下天价纪录的，都是中国古代的瓷器。在日本，他也看到了被日本奉为国宝、几年才展出一次的"耀变天目"碗。这只产于我国宋代建窑的瓷碗，能够闪烁一圈圈幽幽的光，光因何而生，至今还是个未曾破解的谜。同时，他在日本走访调研中，更看到了中国当代陶瓷的差距。当代世界级的名牌瓷器，已不再是产自中国，而是产自德国、英国、日本。中国的瓷器只能在国外的普通商场、超市，甚至地摊上廉价出售，而且绝大部分是贴牌加工产品。来自瓷器发祥地的他，一颗赤子之心被深深地刺痛了，于是暗下决心：一定要研制一流瓷器，超过世界上的任何一个品牌。15 年前李游宇毅然辞掉了大学老师的铁饭碗，召集了一批志同道合者，创立了中国第一家民办的陶瓷研究机构——上海汉光陶瓷研究所，竖起了"汉光"这面重振中国陶瓷的大旗。"汉"指代中国，也指中国瓷器诞生于汉代。"光"指重振辉煌，发扬光大，照耀世界。曾被当代收藏家热捧的"7501"瓷器，在白度和高温釉下彩方面，确实在当时可与世界接轨，但是作为日用瓷器，其热稳定性能等指标，却远远没有过关，严格地讲，是不合格的产品，在生产"7501"瓷器的科研人员和熟悉陶瓷工艺学的科技工作者的心中，是大家心照不宣的秘密。"7501"瓷器和上海照相机厂生产的"东风"牌相机一样，均是特定的历史环境下，中国的科研人员，努力赶超国际水准的产物。李游宇将当年参与"7501"瓷器研制的人员调集一处，开始真正地向世界水准挑战。功夫不负有心人。经过 5 年艰苦的研制攻关，直至确认各项指标和工艺都领先全世界的陶瓷，李游宇才对外揭开汉光瓷的面纱。1999年3月，苛求每个环节，历经千万次试验，李游宇终于"炼"成了被国内外公认为一举超过历代官窑和世界当今顶级品牌的"汉光瓷"。

汉光瓷的品质，超过了世界上任何一种瓷器的理化数值和指标。汉光瓷的六元配方是史无前例的。目前，国内外其他瓷器采用的均是三元配方。

汉光瓷的现代科技高效除铁法，使汉光瓷料中三氧化二铁含量降至0.1%以下，刷新历史纪录，卓尔不群的汉光瓷"白如玉、明如镜、薄如纸、声如磬、透如影"。

纯、白，是精美瓷器最重要的标志。汉光瓷胎质白度达到88.5%，世界王牌瓷器德国"麦森"的白度只有77%。

透、亮，也是精美瓷器的重要标志，汉光瓷透光度56%，"麦森"的透光度为50%；英国的皇家道尔顿和委基伍德等，尽管掺入大量骨粉以增加其柔润感和透光度，但是与汉光瓷相比，无论观感还是手感，都稍逊一等。

高温、硬质。瓷器品质与烧成温度紧密相关，一般而言烧成温度高，瓷器的硬度和强度也高。汉光瓷烧成温度高达1380℃～1400℃，釉面硬度为7843MPU，光泽度达98.6%。

传统的釉上彩最多可以保持几年、几十年或上百年，而汉光瓷的釉下彩，理论上可以保持20万年。汉光瓷高温釉下彩是无铅化环保新工艺，是无毒无害的绿色环保瓷器。

瓷器变形是陶瓷制作的难题，几乎所有的瓷器放在玻璃上都是不平的，汉光瓷独创的烧制工艺，却做到了放在玻璃上的无缝接触。

国际上流行的日用瓷器正向两极发展，要么走精致经典之路，不惜成本，巧夺天工，很难找到一丝缺憾，如慕尼黑宁芬博格、柏林皇家瓷厂的高档瓷器；要么走拙朴之路，如一些日本瓷。而我国瓷器长期以来却是"半吊子"，精美时像个附庸风雅的土地主，拙朴时就像暴发户光着膀子，脖子上却系着一条领带，常常令人哭笑不得。汉光瓷的诞生，为中国精美瓷器的创作开了先河，使我国日用陶瓷脱离了"实用"的单一功能，迈向"实用"与"艺术收藏"兼具的新境界。汉光瓷至今已获得国家多项发明专利和400多项设计专利，设计作品获国家级各类金银奖20多次，被国务院紫光阁和国家博物馆、国家珍宝馆、国家美术馆典藏，并作为国礼由党和国家最高领导人赠送给美国、日本、希腊、韩国、阿拉伯等国家元首。澳大利亚陶瓷玻璃专家 Peter Crisp 佩服地称赞："汉光瓷确是当今瓷器精品，当代世界几大名瓷都不能与之相提并论。"日本东京艺术大学校长宫田竟平说："汉光瓷使人眼睛一亮，堪称一绝。汉光瓷是中国的、当代的，汉光瓷的艺术语言则是世界的。"

可以说汉光瓷的出现是现代中国陶瓷史具有里程碑意义的一件大事，不但加快了中国陶瓷和世界接轨的步伐，而且使沉寂了百年之久的中国陶瓷再现辉煌。

4. 骨质瓷器的生产

骨质瓷简称骨瓷 (BONE CHINA)，学名骨灰瓷，是以动物的骨炭、黏土、长石和石英为基本原料，经过高温素烧和低温釉烧两次烧制而成的一种瓷器。世人感到"骨灰"不雅，遂改称骨瓷、骨质瓷。骨质瓷最早产生于英国，于1800年左右发明，对于发明者世间争议颇多，有说为乔夏·斯波德（Josiah Spode），亦有说伪的。骨质瓷发明历程颇有喜剧色彩，是在制造过程中偶然掺入动物骨灰，后经继续研究而得，其最早基本配方是 6 份骨灰和 4 份瓷石，但到后来逐渐发展成为 20 份骨灰 25 份瓷石和 25 份黏土，直至今天在英国一直被认为是标准配方。根据英国所设的骨瓷标准，含有 30% 来自动物骨骼中的磷酸三钙，且成品具有透光性，方能称为骨瓷。而美国的标准则不同，动物骨灰最少要设在 25%。骨质瓷以白度高、色泽柔和、外观美丽典雅而闻名于世，是世界上公认的高档瓷种。骨质瓷生产以日用瓷为主，兼有实用器和艺术品的双重价值，是英国皇家专用品和贵族收藏之珍品。

唐山是中国骨质瓷的发源地。1960 年唐山陶瓷研究所的科研人员在原料配方中加入鲸鱼骨粉试制骨质瓷，这是我国第一次利用骨质磷酸钙进行的骨质瓷试验。其后几经革新，到 1973 年，唐山第一瓷厂生产的骨质瓷通过省级鉴定，其产品白中泛绿，观感舒适，淡雅大方，瓷质细腻柔美，被命名为"绿宝石"，产品批量生产并出口到国外。

然而，美丽的"绿宝石"骨质瓷部分产品在使用过程中易出现老化现象，在嫩绿的瓷胎上会出现局部变色，形成大小形状各异的黄色斑块，影响美观，热稳定不好，易出现炸瓷开裂的缺陷。到 20 世纪 70 年代末，根据国内外市场需求，"绿宝石"逐步被唐山第一瓷厂新研制成功的"红玫瑰"奶白色骨质瓷所替代。"绿宝石"骨质瓷作为中国最早的骨质瓷，由于生产时间短，产量低，大部分产品出口国外，存世者已成为难得一见的稀世珍品，有着极高的艺术欣赏价值和收藏价值。

中国目前已经成为世界上最重要的骨质瓷的生产基地，仅在唐山一地，据不完全统计 2005—2007 年骨质瓷出口情况如下：

2005年骨质瓷出口情况

	批次	件数（万件）	金额（万美元）
日用瓷	6208	21310	10705
骨质瓷	827	2467	2398
骨质瓷百分比	13.3%	11.6%	22.4%

2006年骨质瓷出口情况

	批次	件数（万件）	金额（万美元）
日用瓷	5291	18257	11977
骨质瓷	907	2560	3087
骨质瓷百分比	17.2%	14.0%	25.8%

2007年骨质瓷出口情况
（1—6月）

	批次	件数（万件）	金额（万美元）
日用瓷	2012	6676	5575
骨质瓷	447	1258	1846
骨质瓷百分比	22.2%	18.8%	33.1%

以上统计分析，说明骨质瓷出口量占陶瓷出口总量的百分比越来越大。最近几年发展更快，目前我国生产骨质瓷的产地分布如下：

（1）河北唐山：中国骨瓷的发源地，全球最大的骨瓷生产基地。

（2）山东淄博：强化瓷生产基地，有骨瓷生产，其瓷质仅次于唐山。

（3）山西平阳：唐山技术落入平阳，造就一家重要的上游制造企业。

（4）广东深圳：得益于来自唐山的技术支持，一家很厉害的企业做到了骨质瓷深圳造。

（5）景德镇：过去少量生产，近年来发展迅速，已经有多家骨质瓷厂家，但大部分都属于中小企业。

5. 陶艺作品的曙光

关于陶艺的定义，不是本书要讨论的命题。陶瓷在人类自身的发展过程中产生，与人类的社会生活紧密相连，是人类征服自然和改造自然的成功范例之一。然而人类在物质创造的同时，也无时不在进行着艺术审美的创造。这说明，人类有着对物质与精神的双重的基本需求，人类祖先在制作第一件陶器之始，也是陶瓷艺术创造的开始。

从历史的发展可知，"陶瓷艺术"是一门综合艺术，经历了一个复杂而漫长的文化积淀历程。它与其他并行发展的姊妹艺术，有如绘画、雕塑、设计以及其他工艺美术等有着无法割舍的传承与比照的关系。它们的影响痕迹也就成为了陶瓷艺术最主要的特征之一。

20世纪80年代中后期，随着西方现代主义艺术的介入，西方"当代陶艺"观念对中国陶瓷艺术产生了广泛而深刻的影响，"陶艺"的概念也一度成为了陶瓷艺术界的新时尚。但对它的理解和认识一直以来还是众说纷纭，莫衷一是。它所体现的仍然是一种东、西方文化之间的矛盾与碰撞。中国传统文化中，没有"陶艺"这个词汇，但是随着陶艺观念在中国的传播，传统的陶瓷艺术观念也受到挑战，尤其在大众中，更乐意把陶瓷艺术简称为陶艺，就像日本词汇"写真"一样，在日本原意是照片的意思，传到中国，却将其含义扩大化了，如"新闻大写真"之类。为了叙述方便，我将其分为现代陶艺和传统陶艺两个部分简介如下：

（1）现代陶艺

国外陶艺发展非常快，从小学到大学都有陶艺课，而且许多家庭建成了陶艺作坊，还出现了一些个人经营的陶艺工作室，许多休闲场所也摆放陈设着陶艺家的作品，这样既能很好地发展陶艺事业，又增进了与陶艺家的学习和交流。

随着陶艺热的逐步升温，陶艺制品获得越来越多人的青睐，亲手做陶艺成为人们工作学习之余放松精神释放自我的又一休闲方式。

1979 年以后，尤其是进入 20 世纪 90 年代以后，随着国人生活水平的提高，现代陶艺也出现在国内的大中城市中，各种形式的"陶吧"吸引了不少白领阶层前去缓解紧张的工作压力，父母也偶尔带着孩子领略手工拉坯的乐趣。与此同时，各种类型的陶艺村、陶艺基地也相继出现，尤其是进入 21 世纪以后，最值得一提的是陕西富平陶艺村的出现，这个集旅游和陶艺一体的陶艺村，是国际陶艺家协会（IAC）在中国内地唯一的团体会员，也是国际陶艺家协会的陶艺创作营，而且还是清华美院、西安美术学院、西安建筑科技大学等多所院校的艺术实践基地。陶艺村曾成功举办了 2001 首届富乐国际陶艺创作营活动和 2004 年、2007 年两届国际陶艺杂志主编论坛，富平陶艺村已成为国际陶艺杂志主编协会的永久会址。 前国际陶协主席托尼·弗兰克斯在来到陶艺村后，惊叹之余欣然写下了"回到了富平陶艺天堂"的感言，现任国际陶协主席珍妮·曼斯菲尔德已向联合国教科文组织申请将富平命名为"现代陶艺之都"。可以说，陕西富平陶艺村的出现，使中国的现代陶艺开始融入国际、与世界接轨了。但是真正像西方和日本那样，将陶艺完全融入人们的教育、生活中，可能我们还要走上漫长的一段路。

（2）传统陶艺

本文的"传统陶艺"，其内涵应该是过去所说的陶瓷艺术，或者说"艺术陶瓷"。现在大家都习惯称为"传统陶艺"。景德镇号称瓷都，其釉上彩绘、青花和釉里红，是绘画和瓷器的完美结合，源远流长，令同行望尘莫及。石湾向有"石湾瓦，甲天下"的美誉，其陶雕作品，更是令世人称羡。宜兴则有"陶都"之称，其紫砂将茶与文化融为一体，文化底蕴和手工技艺合二为一，堪称绝品。这三个地区是传统陶艺最集中的产地。此外，醴陵的釉下五彩，磁州窑的白底黑花、刻划花、剔花，曲阳的刻花，耀州窑的剔花，德化的瓷雕等也有精品问世。最近几年，嘉德拍卖行开创陶艺作品拍卖，基本都是传统陶艺作品。许多藏家把眼光盯向大师头衔，就像刚入门古陶瓷一样，看重彩瓷和青花，而只有达到一定高度后，才会了解陶瓷的真正的内涵是土和火的艺术。

当今的中国陶艺界，正迎来历史上的曙光，景德镇云集了一批艺术家，有许多是慕名瓷都而外迁至此，潜心创作，在土和火的艺术中抒发个人的情感。石湾在 2008 年建立了一个"红色陶艺基地"，让大师和爱好者近距离接触，在泥巴的捏塑、抟练中，感受历史，回味艺术。龙泉、邯郸、神垕等历史名窑产地，更是有艺术家不断来访制陶。改革开放奠定的经济基础，使这些活动变得更加开放和自由。

21 世纪初嘉德拍卖行开创拍卖陶艺作品的成功运作，沟通了收藏家和陶艺家的桥梁，既促进了陶艺家的创作热情，又丰富了收藏家的藏品。

传统陶艺的作品，应该注重历史和艺术的统一性，我见到一些二者结合较为完美的作品，均是新中国成立后 60 年内的，现供大家欣赏。

① 粉彩"草原牧羊女"纹盘

该盘为张松茂先生 21 岁（1955 年），实习于景德镇陶瓷美术学校时创作的瓷盘画。张先生为中国工艺美术大师，出身陶瓷世家，新中国成立后，又受到专业的美术教育。此盘构图新颖雅丽，

张松茂绘粉彩牧羊女纹盘　　　　张松茂绘粉彩牧羊女纹盘底部

人物画法摆脱了陶瓷匠人的俗套，讲究现代美术的比例、均衡、色彩则艳丽而简洁，给人以干净明快的美学感受，显露出大师生机勃勃的创作自由之感。

该盘原存景德镇陶瓷公司的精品展柜，世存仅一件，十分珍贵，是张松茂先生的经典之作。

② 赵惠民绘粉彩"农家乐"瓷板画

赵惠民（1922—1997 年），是景德镇市政府授予的第一批优秀

美术家，曾供职于景德镇艺术瓷厂，擅画传统仕女、人物。该瓷板画创作于20世纪60年代，当时中央提倡百花齐放，百家争鸣，推陈出新。赵惠民一改古装仕女的传统题材，创造了这幅反映社会主义新农村的"农家乐"场景。所绘人物讲究比例、明暗，不同于传统匠人的古拙风格，可以看出作者受过正

赵惠民绘粉彩"农家乐"

统的美术教育和训练。设色则轻松明快，与人物的张张笑脸辉映，烘托出社会主义农民丰衣足食，喜笑颜开，充满了幸福感的喜洋洋、乐陶陶的欢快场景。"农家乐"应该是赵惠民的经典之作，比起他的古装仕女作品，更具历史、艺术和收藏价值。

③ 釉下五彩人物纹瓶

该瓶高66.5厘米，生产于1976年，主题纹饰为响应当时中央号召"反击右倾翻案风"的政治题材，由当时任高级工艺美术师的李新辉手绘而成。釉下五彩适宜表现花卉，绘制人物则有很大的难度。画工独具匠心，人物动态稚拙、天真，色彩淡雅柔和，可以看出创作者当年虔诚的政治热情。此瓶当年为钓鱼台国宾馆专门设计，手工拉坯，在瓶中尚有内胆，为双层结构，防止冬天置水后冻裂。该瓶1977年由轻工业部安排，曾在北京展出，并获得特殊政治艺术奖。但政治风云变幻，此瓶旋即长期陈列于湖

釉下五彩人物纹瓶

南陶瓷公司陈列室中。该瓶创作于1976年的特殊时代,纹饰题材罕见,且画工十分精细,是釉下五彩绘制人物纹的经典作品,又是记录当年历史的形象资料,有极高的收藏价值。

④青花"搏"瓷板

黄秀乾先生是景德镇陶瓷学院的第一届毕业生,年近花甲时到景德镇专门从事陶艺创作,他的瓷板画作品以浮雕结合青花为主,因绘画基础底蕴深厚,故构图疏密得当,画风细腻,色彩浓而不艳,一般人很难仿制。"搏"之作品,是作者20世纪90年代创作的精心之作,枯树上端的鸟窝中有3只嗷嗷待哺的小鸟,树干上盘绕着一条毒蛇,正在向鸟窝爬去,回窝的母鸟意识到危险的来临,出于母亲的本能,奋不顾身地与毒蛇展开了生死搏斗。作品是对母爱的歌颂,也是作者对自己母亲的怀念。该瓷板画还有一段曲折的故事,20世纪90年代中期,该瓷板画参加了在中国历史博物馆的陶瓷展览,主办方撤展时交不出事先谈好的8万元展览费,未经黄先生同意,擅自将黄先生的这幅作品捐给了中国历史博物馆。黄先生找到当时的馆长俞伟超先生交涉,俞伟超先生说:"作品是我亲自挑选的，我非常欣赏这幅作品，但是未经你本人同意的事情，我确实不知道。"黄先生说："我从来不用捐献的手段炒作自己，如果您本人喜欢我的作品，我可以赠送，但是这次展览我是签了合同的，一定要收回。"一位世界著名的考古学家被一位在改革开放浪潮中才开始展现自己才华的艺术家的真挚所感动，虽然俞伟超先生一直为未能收藏这件好的藏品遗憾，但还是完璧归赵地将其还给了黄先生。

黄秀乾绘青花瓷板画 "搏"

杨静荣讲古陶瓷

第四章　民间陶瓷收藏

当代中国陶瓷收藏的内容十分丰富，收藏者可以根据自己的兴趣爱好和经济实力，选择不同的品种，阳春白雪难免曲高和寡，下里巴人未必没有高雅情趣。根据我了解的情况，介绍一些经验，供收藏爱好者参考。

一、民间陶瓷——未开垦的处女地

徐翰良制作刻花牡丹纹罐

中国幅员广阔，民族众多，各地民俗不同，许多民间陶瓷均产于交通不发达的地区，自古至今未断，基本都是手工生产，有些还是农民在农闲时节生产，满足本地区的生活需要，长期未得到人们的重视，仅十分专业的少数艺术家了解其一二，如前中央工艺美术学院陶瓷系的资料室中即收藏了不少相关资料，供教学参考之用。1992 年笔者和杨永善编著《民间陶瓷》一书，在台湾出版发行，台湾故宫宋龙飞先生曾经高度评价，认为"这是海峡两岸的中国，到目前为止，唯一的一本探讨传统民间陶瓷的巨著"。此书在台湾颇受陶艺爱好者青睐，包括一些陶艺名家，看到那

阿英收藏的云南现代青釉花浇

些民间陶瓷散发出的古朴稚拙的乡土气息以及作品体现出的创作自由之感，在惊叹之余，均会感到为自己的今后创作呼吸到一股清新的空气。在杨永善先生的指导下，其博士生又做过全国普查，出版了内容更加丰富的相关专著。进入 21 世纪后，文化事业得到国家的高度重视，民间陶瓷作为非物质文化遗产，也在各地有了传承之人，如四川荣昌、安徽界首、陕西澄城、浙江青瓷等，均焕发出新的活力。随着国家文物法《藏宝于民》政策的确立，据传有号称 8000 万人的收藏大军应运而生。这么多人搞收藏，不可能都去收藏价格高昂的官窑瓷器，量力而行，收藏一些价格适中而且颇有文化品位的民间陶瓷也是陶冶情操的明智选择。据我所知，早在 20 世纪 60 年代像阿英这样的文化人，就收藏民间陶瓷，玩味其中的美学内涵。值得收藏的民间陶瓷有如下一些品种：

①安徽界首产刻花陶器，多刻花卉和刀马人，现在已经有了

非物质文化遗产传人。

②湖北产黄釉产品，以刻花和剔花装饰，常见纹饰为花卉和古装人物。

③云南产陶瓷，以各种颜色釉为主，造型古朴，釉色单纯。

④贵州产陶瓷，以黄釉、绿釉印花为主，接近云南陶瓷风格。

⑤陕西铜川产陶瓷，青花、黄釉黑彩及黑釉刻花、划花品种。澄城窑则接近宋元磁州窑风格，以黑釉刻花、划花为主。

⑥湖南产陶瓷，以黄釉、绿釉为主，印花、刻花为主。

⑦山西产陶瓷，继承磁州窑风格，有白釉黑花、黑釉刻花及白釉印花等品种。

⑧新疆 20 世纪 60 年代有三彩陶器生产，接近唐三彩风格。

⑨河北、河南、山东等地有延续宋元磁州窑风格的产品，也有青花产品，主要是销往农村的日用品和玩具。

⑩四川荣昌陶器多为人们熟悉，还有一些以前未知的，随着收藏热的兴起，正在被有志之人发现，如钧窑风格的陶瓷，过去只知道有宜钧和广钧，实际上在四川也有此品种。

以上仅是市场上常见到的一些品种，实际上远不止这些产地和品种，希望众多收藏爱好者，多留心，在这片尚未开垦的处女地上有更多的收获。

二、红色收藏——褒贬不一的记忆

口号陶瓷、文革陶瓷以及与重大历史题材和人物有关的陶瓷，均可称为红色收藏。其共同特点是忠实地记录了历史上发生的事情，以陶瓷为载体，积淀着岁月的沧桑和痕迹。这些陶瓷收藏价值无可比拟，但其艺术价值则参差不齐、褒贬不一。如景德镇文革时期生产的"文革"题材雕塑作品，当时的业务骨干均被批斗，有些甚至被下放农村，失去工作的权利，这些作品多出自业务上极为一般的普通工人之手，人物比例失调，色彩僵硬，除了记述着那个特殊时代曾经有过的激情外，在艺术上可谓是俗不可耐，而且现在仿制品遍地皆是，是否有太高的收藏价值，实在值得深思探讨。而广东石湾镇则不同，"文革"时期也生产过适应形势需要反映当时革命英雄人物的陶雕作品，但是石湾镇地理位置靠近海外，其产品一直是中国港澳同胞购买的畅销货物，传统题材的作品好卖，革命题材的作品不好销售，所以类似题材的作品只生产了两三件，因为市场经济的杠杆作用便不再生产了。石湾镇的业务人员虽然也在"文革"中受到冲击，但是比景德镇那种对待业务人员的待遇要强之百倍，仅仅是不让那些大师在自己的作品上印上印章，并没有剥夺他们工作的权利。这些每个品种只生产了两三件的陶雕作品，虽然没有大师的印章，但是都是出自大师之手，人物刻画仍然十分生动，许多制作陶雕作品的大师或他们的同事都健在，仍然可以准确认定究竟出自哪位大师之手，其艺术价值不可低估，而且又是特殊历史时期的产物，收藏价值更是令人刮目相看。有收藏家高瞻远瞩，曾在世人尚未注意时，收藏了不少这类作品，成为红色收藏中的佼佼者。

再如"毛瓷"收藏，近几年炒得火热，但是其中有几个人真正了解"毛瓷"的真相和价值？毛泽东真正使用过的瓷器，均在毛泽东逝世后收藏在韶山纪念馆中，那里应该是研究"毛瓷"最有发言权的权威机构，但是至今未见研究成果发表。实际上毛泽东常年使用的茶杯上没有花纹，胎质洁白，底款上写的是"中国制造"，由此也可以了解毛泽东对民族工业的热爱。湖南醴陵曾经为毛泽东定烧过釉下彩瓷器，有案可查，在韶山纪念馆也有实物。但是许多收藏爱好者一提"毛瓷"，就知道"7501"瓷器，就像谈到三国历史，许多人都把《三国演义》当成正史看待一样可笑。从收藏角度评论，你不得不佩服"7501"瓷器在宣传和炒作上的成功，其中许多演义的成分，甚至超出了正史在收藏爱好者心目中的地位。如"红卫兵"选料、"解放军站岗"等近似武侠小说充满浪漫色彩的演义，连当年研制"7501"瓷器的中国陶瓷研究所领导都感到太离奇了，不得不召开全体员工大会，宣布真相，统一口径。但是正版著作总是赶不上盗版的猖狂，走火入魔的收藏爱好者们更爱看《三国演义》，没有人认真去读《三国志》。而聪明的景德镇下岗职工投其所好，生产出底款书写"七五零一"或"7501"的瓷器，满足这些收藏爱好者的捡漏心理。真正的"7501"瓷器存世量非常有限，极具收藏价值，而如何评论它的艺术价值和科技含量，在学术界没有统一的说法。我个人认为这套瓷器是那个特殊的年代必然产物，就像上海照相机厂生产的"东风牌"相机一样，反映出计划经济时代，中国工人努力赶超世界先进水平的愿望和决心。在日本有个私人相机博物馆，收藏一架"东风牌"120单反相机，解说词简洁明了，颇耐人寻味："中国愚公精神的代表，全部手工制作。"改革开放以后，国人走出国门，才看到自己的差距，真正理解了夜郎自大成语的深刻含义，在"7501"瓷器的基础上，研制出"汉光"瓷器，至此中国人才真正有了在世界上高档瓷器中，可以与任何高档名牌一决雌雄的自己的品牌。

三、仿古陶瓷——谈虎色变的收藏

改革开放以后，仿古陶瓷生产铺天盖地而来，令人目不暇接，数千万的收藏大军在打眼和捡漏悲喜两重天中或捶胸顿足，或自

娱自乐。几乎 90％
以上的低档赝品以及
让专家都打眼的少数
高仿陶瓷，使得人们
开始畏首畏尾，仿古
陶瓷成为一个谈虎色
变的话题。其实收藏
仿古陶瓷也有诀窍，
我个人认为，真正有
收藏价值的仿古陶瓷
应该是那些与历史和
重要人物有关的，
如 20 世纪 50 年代开
始生产的磁州窑和钧
窑的仿古陶瓷，最好
的样品当年收藏在故
宫博物院，后来调拨
到上海博物馆收藏，
现在均已成为文物编
号入册，民间散落一
些，均是稍有瑕疵的
样品，已经成为收藏
家的囊中宝物。还有
在实验过程中的一些
样品，数量少，历史

李国桢送给冯先铭的试验品

和科研价值也不菲，过去未引起世人注意，当收藏热兴起时，则成为难得的藏品，如20世纪70年代，李国桢教授仿制耀州窑陶瓷，久未成功，后来找到古代原料，一试烧便大功告成，他把样品送给冯先铭先生，是个碗，底足还有青花编号，冯先铭曾经用此碗在食堂吃饭，后被有心人发现、收藏。一位是研究陶瓷工艺学的泰斗，一位是研究陶瓷史的泰斗，二位泰斗均已故去，其友谊和成果均凝聚在一件试验样品的瓷碗上，这样的仿古瓷器收藏价值有多大，恐怕只有热衷收藏的痴迷者才能说清。

再如20世纪80年代，上海硅酸盐研究所和河南博物馆仿制过北宋官窑产品，在开封博物馆展览过，仿制水平极高，虽然不是全部手工制作，但是造型规整、釉色十分逼真，而且仿制数量不多。我记得好像是有国外的收藏家买走一件，出价可能是数十万元人民币，使得投资者收回了实验时的投资成本。这些仿制品几乎没有外流，均收藏在上海硅酸盐研究所和开封博物馆。而且此后无人仿制，应该是颇有收藏价值的仿古瓷器。还有20世纪80年代，在中央工艺美术学院梅建鹰教授的指导下，河南当阳峪陶瓷厂仿制宋绞胎瓷器成功，仿制的碗极类宋代真品，而且数量极少，颇具收藏价值，数量少的原因是因为他们仅把恢复传统艺术作为手段，成功后，利用其原理创造出许多新的品种，如用蓝色色泥绞出孔雀开屏的挂盘，曾经出口外销，可惜生产不久，该厂就转制停产，传世不多的产品也成为收藏家追逐的目标。更令人痛心的是，如今该项技术在河南泛滥，被许多低劣的仿古产品淹没在低俗的市场中。更富有戏剧色彩的是当时还有人把唐宋时期即流行的绞胎陶瓷视为自己的专利发明，并且向相关部门申请专利保护，不知是申请者孤陋寡闻，还是相关部门知识贫乏，居然还批准这个申请，成为一个在专业研究者中茶余饭后经常谈论的笑话。另外 20 世纪 80 年代故宫博物院委派刘伯昆和耿宝昌二位专家携带明永乐压手杯实物到景德镇仿制，做了 200 件，称得上是解放后第一次真正的高仿瓷器，当时在故宫的小卖部作为旅游产品销售，销售价格是 100 元人民币。有好事者买去做旧以后，一件在国外卖出 300 万元人民币的天价，另一件则被某文物商店当做真品邀功。这些均可说明该压手杯确实仿得逼真，时至今日，有收藏家欲出万元高价收藏，可是藏有该杯的收藏者均爱不释手，可见其收藏价值非同寻常。

历史上仿古陶瓷的生产都是为了创新，历史上的名窑在督陶官唐英的手中多数均已经仿制，并且演化出许多新的品种。新中国成立后的仿古陶瓷生产也是为了创新，单纯的仿古，只能停留在仿古的单纯上，大批生产的仿古陶瓷，其生命力是有限的，选择那些量小、质精，有历史和科研价值的仿古陶瓷，应该是一个清醒的收藏家的首选。

四、陶艺作品——眼力和金钱较量的收藏

嘉德拍卖行首倡现代陶瓷艺术拍卖，使中国当代陶艺开始沿着市场经济的轨道起步。许多经济实力雄厚的收藏家着眼于名声显赫的大师作品，甚至不惜重金发誓要收全每个大师的作品。大师耀眼的光环带来的经济效益实在太有诱惑力了，评选大师的程序也开始变味，甚至有些耐不住寂寞的教授也去申报大师的评选，就像技术人员有了工程师的职称，却还去申请高级技工的称号，让人感到匪夷所思。我认为同是大师，其作品和技能也有三六九等之分，即使同一个大师的作品，也有精品和应酬之作的区分。需要收藏家自己辨别。况且在当今浮躁和不规范，需要进一步改

革深化完成的制度下，许多有真才实学的艺术家被排斥在大师之外的情况比比皆是。拿作品说话，靠收藏家的眼力去衡量，才能够收到真正的可称之为陶瓷艺术的好藏品。否则花了重金，收到的却是匠气十足或是以为把陶瓷扭歪了就是陶艺家的粗俗作品，将来会后悔莫及的。

大师多是在技术和技能上出类拔萃者，这些人如果不提高自己的文化素养，很容易流于匠人的俗套，真正的大师也知道这点，都在努力提高自己的文化素养，但是这种努力不是每个人都能达到的。选择那些体现出文化素养高的大师作品，则是收藏家自己应该把握的事情。据我所知，早在 20 世纪 80 年代，国外的收藏家就开始注意收藏中国的陶艺作品，他们的起点很高，多次到当时的中央工艺美术学院，将陶瓷系师生的陶艺作品全部买下。当时的成交价格每件也就 200 ~ 300 元人民币。文化水平的高低决定作品的艺术水准，盲目的大师热在高烧退后，自然会回归到艺术的自然规律。历史上流芳百世的几乎都是文人画，因为画中显现的是文人追求自由理念的美学思想，有个性、有深度，令人回味无穷。而匠人的绘画即使技艺再高超，因为缺乏文化和思想内涵，充其量也就是个画匠，其作品很难经得起历史的考验。在未来的陶艺收藏中，拼的是文化。如同是佛教题材的陶艺作品，历史上有德化何朝宗的达摩、观音、仙人等精品传世，而现代陶艺家则以不同风格，充分展示土和火的艺术魅力。如黄秀乾的"悲智虚公"则以青花结合浮雕，用传统写实的技法再现出民国四大名僧之一的虚云法师传奇一生的形象，体现出作者自己对禅宗的理解和虚云法师的敬仰之情。再如李林洪的"庄严图"由"金刚宝地""功德乳海""三昧慧炬""除障智风""无边性空"

五部分组成，画面采用高温彩釉烧成，手法看似十分抽象，实际上是作者对藏传佛教"大日如来经"长期思考顿悟后，才把自己的理念转化为陶艺的形象思维上的精心之作，文学家可以从中看到大气磅礴的浪漫气势，哲学家可以从中发现宇宙万物的哲理变化，艺术家可以从

留学生在邯郸创作的挂盘

中发现庄子遨游四海自由创作的快感。黄秀乾和李林洪均是教授级的文人，手法各异，但是殊途同归。还有年轻陶艺家的作品，如陈棣的"三十三观音圣像"，画面采用高温窑变制作，师法敦煌壁画，技法虚实结合。再如解强的"六祖师图"，俞军的"三世佛"，都是虚实结合，高温彩釉。在他们的作品中，显现的不只是简单的人物形象，更多的是他们自己对佛教的理解和感情。这几个作者都受过专业系统的美术教育，文化底蕴不同于单纯的大师，这样的作品一定会经得起历史的考验。

石湾陶雕现在有两个流派，各具千秋，坚持传统写实的代表人物是已经被指定为石湾公仔的非物质文化的传人——刘泽棉大师。强调创新抽象、虚实结合与国际接轨的代表人物是毕业于广东美术学院的梅文鼎大师。同是牛的题材，刘泽棉大师的作品更看重写实和充分发挥石湾陶土的魅力和技法上的细腻雕琢。而梅文鼎大师的作品则注重夸张和变形，充分发挥石湾陶釉窑变的魅力。收藏家可以根据自己的喜好，收藏这两个流派的作品，二者

在艺术上均独具风格，都有升值空间。

宜兴最近几年紫砂壶火遍海内外，掩盖了紫砂雕塑的魅力。

刘焕章 1973 年在邯郸设计的瓷雕

张大千手绘粉彩梅花纹瓶

其实宜兴紫砂雕塑早就名扬世界，据耿宝昌先生见告，他早年在开古玩店时，宜兴的紫砂雕塑价格高于紫砂壶的价格。当一切回归到按照事物自然规律发展的时候，紫砂雕塑肯定还会展现自己的魅力。有心的收藏家可以留意这个信息，或许可以收藏到在今后令人羡慕的藏品。

据我所知，还有许多美术家曾经涉足陶艺制作，传世品十分稀少，如张大千在台湾曾经手绘瓷器送给亲朋好友。刘焕章曾经在邯郸陶瓷研究所做过瓷雕。侯一民也曾经在邯郸做过陶艺。吴作人曾经在湖南绘过瓷盘。海外留学生曾经在许多瓷区实习，多留有陶艺作品。这些信息均是收藏家应该掌握的，也是可以收藏的稀少之物。

第五章 陶瓷收藏实例

搞收藏尤其是收藏陶瓷，经济基础是首要条件，即使有了经济基础，没有眼力也不行。有眼力了，有钱了，没有缘分也不行。一般情况是有钱的没有眼，有眼的没有钱，有钱、有眼、还得有缘。三者合而为一，才会淘到可心的宝物。

我举几个实例说明问题。

一、明嘉靖鱼藻纹盖罐

明嘉靖五彩鱼藻纹盖罐
北京故宫博物院藏品（盖为雍正后配）

2002 年在佳士得拍卖行拍卖的那件嘉靖五彩盖罐。买这个罐的藏家是我的一位朋友，购买之前他来找我咨询，我告诉他这个盖罐是一个好东西，你要有钱，一定要把它买下来。他问我这个东西的来龙去脉是怎么回事。

我告诉他，全世界类似的嘉靖鱼藻纹盖罐只有4件，还有几件都没有盖，不完整。完整的盖罐只有3件，故宫有1件，但是那个盖子是雍正时期后配的。耿宝昌先生主编的《青花釉里红》，是故宫60卷精品图录中的3卷，在中卷上选了这件，而且还选在封面上。故宫收藏的这件因为盖是后配的，所以定的是一级乙等文物。故宫一级文物中分甲乙两级，因为盖是后配的，所以定为一级乙等文物，如果是原装的盖子，就应该是一级甲等文物了。

另外有一件原装盖的收藏在首都博物馆，新中国成立后出

明嘉靖五彩鱼藻纹盖罐
首都博物馆藏品北京郊区出（土盖为原配）

明嘉靖鱼藻纹盖罐
20世纪90年代拍卖图录

土于西郊郝家湾。还有一件收藏在美国阿尔波特博物馆，早年流散国外。剩下这件是也是原装的盖，而且是唯一可以在市场上流通的。这件嘉靖五彩盖罐有一段来历，在20世纪90年代拍卖过一次，当时成交价是190多万元港币，台湾有一位女作家叫做郭良蕙，她在一本散文集《世间多绝色》中讲到了这件盖罐在20世纪90年代拍卖的情况，而且对这件器物大加赞赏。

他还是不放心，又问我，这个东西真是一级文物吗？我当时正在整理藏品卡片，上面写了定级文物号，照片什么都有，让他看一下。他看了以后说，故宫定的一级文物，肯定是好东西啊。后来就买了。大概花了300万元人民币买的。他一直收藏在家里，后来要买郎世宁的画，急需筹款，拿出拍卖，卖了2000多万元，如果是现在拍卖，应该还会增值。

故宫博物院收藏的那件，盖是后配的，画面上的鱼走向是平行的，原装的那件盖上面的鱼是立起来的。底足上面"双圈"写着"大明嘉靖年制"，这四件基本上一样，尺寸也差不多。首都博物馆办展览的时候，还拿出来与故宫博物院的那件比了一下，基本上是一对。

二、宋磁州窑绞化妆土盘

这是嘉德拍卖行前两年刚卖的一件国宝级的东西。

有懂陶瓷的人一看，可能以为这是绞胎，如果要是绞胎，这就不是国宝级的了。有的人根据现代陶瓷工艺把这个品种叫做"绞釉"，实际上在古代的时候没有绞釉工艺。绞胎是使用两种不同颜色瓷泥，像拧麻花一样拧在一起，或直接做胎，或削成片状，镟下来以后，贴在上面，有的在枕头上面贴出花来，就是这么做的。绞胎做起来不是太复杂。绞釉是现代陶瓷工艺发明出来的一

北宋磁州窑绞化妆土盘 绞化妆土盘局部

种釉，怎么烧呢？先用白釉放在缸里，然后洒陶瓷颜料，如果要出蓝色大理石纹的，就用氧化钴，如果要出黑色的，就用黑色颜料或者是用氧化铁，但是氧化铁不太稳定，因为黑颜料是调配的，里面有氧化铁、氧化铜还有氧化锰，从原理上讲，黑色就是各种有色金属氧化物的混合颜料。还有其他颜色，像酱色，绿色。把陶瓷颜料像熬棒渣粥似的洒进去，拿棍子在白釉中搅拌，然后往里洒陶瓷颜料，趁着搅拌时候有流动性，就要赶快蘸釉，速度要快，"唰"一个，"唰"一个，蘸不了几个，这一缸釉就混合了。而且它不可能老流动，不流动就混合了。一混合，这缸釉就报废了。市场上有卖仿大理石釉的，像大理石的花纹，就是这么做出来的。

报废的釉料会增加生产成本，成本一高，大家都不愿意做了。陶瓷产品是要计算生产成本的，即使再便宜，也有成本核算的经济问题，把报废的釉料要计算到烧好的产品里面。所以你卖的时候，别人的花瓶卖 100 元，你的就要卖 200 元、300 元，成本就

绞化妆土盘局部

是这么算出来的，但是你的产品贵了，是否好卖呢？这就要看市场经济的自然法则是否认同了。所以，现在的市场上很少能够看到绞釉的产品出现。但是，据我所知，在计划经济时代的陶瓷研究所中，好像都试验过这种产品。

绞化妆土是古代一种特殊的技法，磁州窑系统的陶瓷用得最多，化妆土是什么呢？化妆土是白色的，也是一种陶瓷原料，但是不能直接做瓷器。过去我们考古界的陶瓷研究者不懂陶瓷工艺，管它叫做护胎釉，其实在陶瓷工艺学上有标准名称，就叫做化妆土。我在20世纪80年代写过一篇介绍化妆土的论文，发表在《河北陶瓷》上，感兴趣的人可以找来看看。

化妆土在很早的时候，大概古代六朝时期瓷器上就使用了。化妆土有的挺白的，但是拿它直接做不了瓷器。它有一定的附着力，可以把它抹在胎在外面，增加胎的白度。

绞化妆土是怎么做的？白化妆土制成的泥浆，可以跟粥似的。

邯郸磁州窑博物馆藏北宋磁州窑绞化妆土枕

古代只有化妆土有这种功能，可以调得像粥一样，然后抹到胎体上面。黑色花纹是拿笔弄上去以后，不是拿笔涂出来的，而是咱们平时看到的吹画，黑色化妆土滴洒上去以后，用嘴吹，吹出这种浮云流水的效果。还有一种梅瓶，它是可以滚动制成的，那是在瓶的胸部。我在20世纪80年代写了一篇研究绞胎工艺的文章，研究过程中，发现了还有绞化妆土工艺。国外在日本发现两件，是一对梅瓶，花纹和这个一样。这件绞化妆土的盘子好像当时没有发表，在我查阅到的资料中没有见到。是日本一个私人收藏家的藏品，可能日本现在缺钱了，回流到了中国的拍卖行。一位收藏家拿来图录要买拍品，我看到这件盘子，用那位收藏家的话说，只见我当时眼睛一亮，我自己则感觉浑身的细胞一震。我说你一定要把这件拍品拍下，这个东西买下来绝对值。他说这个盘子尺寸也不大，为什么值？我说这是绞化妆土，连文物资料加到一起，全世界大概存世不到20件，宋代磁州窑绞化妆上传世只有4件，邯郸磁州窑博物馆有一件瓷枕，枕面用绞化妆土装饰。日本私人博物馆收藏一对梅瓶，这件是4件之一。国内博物馆有几件，像开封博物馆有一件，是一个直颈瓶，品相不是特别好看，山西博物馆有一件，陕西博物馆有一件，但是都是金元时期的，而且品相稍差。像拍品中的盘子，能做到这么品相完美的，实在是稀少的艺术珍品，这才真正体现了陶瓷本身的艺术美。陶瓷是什么？就是土和火的艺术，把不太值钱的普通泥巴，利用手工的方法，匠心独运烧出巧夺天工的艺术效果，真可谓天工开物，这才叫土和火的艺术真谛。你不是总想收藏一级文物吗？像这样的文物收藏在故宫，肯定会定为一级文物，而且还是一级甲等文物。那个收藏家没有犹豫，不惜重金，经过几轮竞拍，终于竞拍到手。拿回那个盘子后他问我，怎么会形成浮云流水似的花纹。我卖了个关子，让他先猜猜。他拿笔试了半天，都不行。我说你们放盆水，吹一下试试，起来的波纹是不是和那个一样。放完水以后再喝粥，喝粥的时候吹一下，瞬间的花纹是否与那个盘子的花纹近似。如果想操作的话，你买点漆来，把漆往上一泼，马上能够吹出这种纹路来。他试了一下，发现真是那么回事。

　　宋代生产这个盘子的工匠肯定是个技艺超群的大师，可能是经历了无数次失败以后，才把瞬间出现的浮云流水花纹凝固在土和火的载体上，令后人叹为观止。古代艺术品只有研究透了，你才会发现凝聚在它身上的古代工匠的辛勤汗水和聪明才智，其历史、科学、艺术和经济价值自然不菲。那个收藏家买回来以后，在私人会所最显要的地方展示。有几个收藏友当时给要求转让，这位老兄说什么也不卖，说这件藏品可是国宝，我要好好收藏了，要定级应当是国家一级甲等文物，全世界宋代磁州窑的就4件，那两件还在日本，而且北京和台湾的故宫博物院确实没有。他说的没错，确实是可以定为一级文物的藏品，关键是品相好。就像名画家的作品一样，也分精品和应酬之作，后者虽是真迹，但是也不会值太多的钱。绞化妆土盘子是2013年上半年嘉德卖的，嘉德卖的时候也很懂行，写得非常清楚，说日本管这个叫做木流纹，人家也看出来了，说这个不是绞胎，是叫做木流纹，他们的图录上也说了。而且我和买家去看的时候，拍卖行作为重点拍品把得很严，说没有竞拍牌，不让看。后来，正好遇到阎冬梅经理在那里值班，阎经理开个后门让我上手开了眼。

三、清雍正雨霖墙釉笔洗

这种釉是窑变釉的一种，这种窑变我们学名管它叫做青金蓝，因为它是蓝色的。这种釉俗名叫做雨淋墙，像被雨水淋洒过的墙壁，故此得名。这件洗笔是拍卖会上卖的东西。是件标准的雨淋墙釉产品。这件三足洗，底足有款，雍正年制。记得我在预展时看这件藏品的时候，居然有好几位掌眼人看完以后说是新的。因为洗心处有小的窑裂，故此对于真假多数人存疑。我在故宫库房中见过这个品种，所以敢于断真。窑裂的瓷器也进贡，因为烧的不多，有小的瑕疵是容许的。故宫的库房中有这样的瓷器，而且是清宫旧藏。我认识的这位朋友为什

清雍正雨霖墙釉底足

清雍正雨霖墙釉洗

清雍正雨霖墙釉内心

么敢买，一是出于对我的信任，二是人家买完了以后，所有的东西都上机器检测。刚才我说的这件藏品，上机器检测，它的那个机器能够检测新老，一测新老就昭然若揭了，数据表明就是清代中期的，不是新的，但是，是雍正还是乾隆时期的，这个机器分不出来，但是能够分出大概时间来。像雨霖墙釉洗这样的藏品，在博物馆可以定为二级文物。当时拍卖成交价才不到十万元，以后的升值空间可想而知了。

四、唐酱釉贴花璎珞纹盘口穿带瓶

瓶盘口、长颈、圆腹、圈足。瓶口外侧、颈部饰弦纹。两侧肩部与腹底有对称桥形穿带，中间为带槽。穿带上饰有横纹，两侧各一纽。肩部饰有放射状叶纹、弦纹，腹部垂饰联珠灯笼纹。

该瓶造型线条变化自然流畅，贴花纹饰清晰，穿带等细微之处也一丝不苟，做工极为精细。当出自王宫贵族之墓。类似的穿带瓶，在内蒙古博物馆和考古研究所也有收藏，一件为1960年内蒙古自治区和林格尔县城子三号墓出土，腹身为刻花，现藏于

唐褐釉刻花盘口穿带瓶
1960年内蒙古自治区和林格尔县
城子三号墓出土

唐褐釉贴花璎珞纹盘口穿带瓶
1994年内蒙古自治区清水河县
跳峁墓葬出土

正面

侧面

唐酱釉盘口贴花正面璎珞纹穿带瓶

内蒙古自治区博物馆。另一件为1994年内蒙古自治区清水河县
跳峁墓葬出土，也是贴花，现藏于内蒙古自治区文物考古研究所。
而此瓶则是成双成对，且保存十分完好，实为难得之珍品。

　　这对穿带瓶是我的一个朋友在国外古玩市场当辽瓷买回来
的，花了不到30万元人民币，带回国内找我鉴定，我告诉他：

你捡了个大漏。这对瓶不是梅文鼎雕"童趣"辽瓷，而是唐代的。与内蒙古自治区文物研究所收藏的那件完全一样。如果在博物馆定级，肯定是一级文物。辽政权与唐末、五代、北宋并存，唐代时曾经到河北刑窑和定窑定烧过瓷器。

五、童趣陶雕

梅文鼎雕"童趣"

　　这是一组陶雕，是石湾镇梅文鼎大师的作品。梅文鼎是属于学院派的，是20世纪60年代广东美术学院毕业的老大学生，他的艺术风格和传统的不一样，传统派的对他的作品还有点看法。他的艺术风格是抽象和写实相结合。这套东西叫做"童趣"，为了庆祝2008年在北京召开的奥运会，选取古代儿童做各种体育运动而精心设计的。陶雕过去卖不上好价钱，做出来都翻模，一翻模，数量就无法控制了，现在不同了，大师的作品做的时候就做10个，还都编号，大师做的都写上名字。大师的是一个价钱，他的徒弟修模的又一个价钱，修的差点的又一个价钱。原来陶雕价钱上不去就是因为老翻模，但是现在控制了以后，编上号，卖得非常好。这件东西是他的草稿，他构思捏出来的小样，比正式的作品小，但是只有一件。前几年我到石湾，带着一个朋友去的。去了以后，因为他们那里建了一个陶瓷艺术基地，让我帮忙剪彩。

当晚为了赞助收藏家协会今后的活动，搞了现场拍卖。大师在那儿亲自举锤，许多人没有意识到这件作品的收藏价值，我就告诉那个朋友，甭管多少钱，你一定要买下来，你要买下来卖不出去给我，我可以帮忙送到拍卖行，保证不会亏本。像这个原作，而且又是草稿，比翻出模的那个还要贵。最后才花了2万多元就买下来了。石湾的陶瓷艺术分流派。像他们原来的传统产品叫做"石湾公仔"，现在也申请了非物质文化遗产，有传人，传人都是比较写实的一派，比较适合做一般的樵夫、渔翁、老子、孔子等，做这些做得特别好。但是像梅文鼎大师既写实又夸张的现代陶艺，如果没有一定的美术功底，就做不了。随着时代的发展，文化底蕴所积淀的深层含义，更会富有较大的升值空间。那时拍卖行还没有搞过陶艺拍卖，后来嘉德拍了几次，社会效益和经济效益都很理想。现在名人的手稿都出现天价，陶艺大师的创作样稿，应该不会逊色吧。

　　以上几个简单的实例可以看出经济基础、眼力和机缘的结合与巧合，东汉唯物主义哲学家王充有一句名言："贤不贤，才也；遇不遇，命也。"阅历丰富的收藏家可能更能体会其中哲理奥妙的精妙。